Vom Leben umfangen

KONKRETE LITURGIE

herausgegeben von Guido Fuchs

REINHARD KLEINEWIESE

Vom Leben umfangen

Trauerfeiern und Traueransprachen

VERLAG FRIEDRICH PUSTET
REGENSBURG

Bibliografische Information der Deutschen Nationalbibliothek

Die Deutsche Nationalbibliothek verzeichnet diese Publikation
in der Deutschen Nationalbibliografie;
detaillierte bibliografische Daten sind im Internet über
http://dnb.d-nb.de abrufbar.

3. Auflage 2020

ISBN 978-3-7917-2531-4

Umschlagbild: fotolia #12290408 © piotras100
Layout und Umschlaggestaltung: Martin Veicht, Regensburg
Satz: MedienBüro Monika Fuchs, Hildesheim
Druck und Bindung: Friedrich Pustet, Regensburg
Printed in Germany 2020

Diese Publikation ist auch als eBook erhältlich:
eISBN 978-3-7917-7008-6 (pdf)
Weitere Publikationen aus unserem Programm finden Sie unter:
www.verlag-pustet.de
www.liturgie-konkret.de

INHALTSVERZEICHNIS

VOM LEBEN UMFANGEN
Liturgische Texte für Trauerfeiern

GEGEN DEN AUGENSCHEIN
Texte zur Besinnung

SING MIT DEN TRAURIGEN EIN LIED
Neue Texte auf bewährte Melodien

GOTTESDIENSTE

ANSPRACHEN – AN-REDEN UND AUS-SPRACHEN – TRAUERANSPRACHEN

ANHANG

EIN WORT, DAS DEN ANFANG MACHT

EINLEITUNG

Die Kunst, ein Wort hineinzusprechen in eine Trauersituation, die oft durch Sprachlosigkeit eingegrenzt ist, bedarf der Auseinandersetzung auf unterschiedlichen Ebenen. Trauer aus eigener Erfahrung zu kennen; mit unvorhergesehenen Ereignissen, Emotionen und Reaktionen angemessen umgehen; Tränen und Wut ebenso auszuhalten wie Schweigen und Fragen nach dem Woher, Warum und Wozu; trost- und hilfreich vor Ort zu sein; von Gott zu reden und zu schweigen, von der Hoffnung des Glaubens auf Auferstehung in hilfreicher Weise zu künden und dies und manches mehr – in Worte zu kleiden.

All das im Blick auf Menschen von heute, deren Sprache wir zwar auch in unserem Alltag, aber kaum mehr in unseren Liturgien sprechen und die zunehmend oft mit dem Bild- und Sinngehalten christlichen Glaubens keine Schnittmenge mehr aufweisen.

Dabei lohnt sich die Mühe, eine Brücke zu bauen, auf der man zusammenkommen kann. Es lohnt sich, auf Worte zu lauschen, nach Bildern Ausschau zu halten und Gesten sinnenhaft zu inszenieren, um der christlichen Kernbotschaft von Tod und Auferstehung auch in dieser Zeit Gehör und Gewicht zu verschaffen. Ein gut ausgewähltes Wort, ein sprechendes Bild oder eine deutende Geste verstehen und berühren Menschen immer noch in ihrer tief verankerten religiösen Sehnsucht.

Es lohnt sich, die besten Talente und Anteile dabei in sich zu mobilisieren, um eine Trauersituation bis hin zur Beisetzung und der nachgehenden Sorge pastoral gut zu begleiten und zu gestalten. Hier kommen Menschen zusammen, denen wir im klassischen Feld der Seelsorge vielfach schon längst nicht mehr begegnen. Ohne dabei missionarisch unter Druck zu geraten, bieten sich dabei die ganz „einfachen“ Gaben einer mitgehenden Seelsorge an, wie der Mann aus Nazaret sie mit jenen beiden Emmaus-Jüngern beispielhaft vorgelebt hat:

Zeit zum aktiven Zuhören; Zeit, mitzugehen und sich mitnehmen zu lassen; ein „brennendes Herz" haben; offene Fragen stellen und zulassen; sich die Ereignisse erzählen und deuten lassen; Mut, auch stehen zu bleiben, halten und auszuhalten; Bereitschaft, aus dem eigenen Lebens- und Glaubensrahmen etwas hinzuzulegen; den Zeitpunkt zum Beenden des Trauergesprächs nicht aus dem Blick verlieren und dankbar und erfüllt sein können für solche ungeplanten, ungeahnten Begegnungen, solche „Anders-Orte", in denen Reich Gottes aufblitzt.

Die Gedanken, Texte, Ansprachen, Gebete und Meditationen dieses Arbeitsbuches sind aus solchen Rahmenbedingungen konkreter Praxis entstanden und bieten sich an, Menschen von heute mit gelegentlichen Kontakten zur kirchlichen Praxis und liturgischen Sprache in ihrer Trauer- und Abschiedssituation ansprechend zu begleiten.

Nutzen Sie ganz frei und kreativ die hier vorgelegten Texte, Bilder und Vorlagen, um sie auf Ihre individuelle Situation, Ihren ganz eigenen Glaubensrahmen und Ihren unverwechselbaren Sprach- und Redestil zu übertragen. Das wäre doch ein kostbarer Gewinn, wenn Sie auf den folgenden Seite einen überraschend neuen Gedanken, ein ausdrucksstarkes Bild oder ein einfühlsames Wort entdecken, das hilft, Tod und Auferstehung im Licht des Glaubens für sich und trauernde Angehörige neu zu deuten.

Ahlen, im Juni 2013 *Reinhard Kleinewiese*

TEXTE

„NACHTHERBERGEN FÜR DIE WEGWUNDEN“ (NELLY SACHS)

GEDICHTE, MEDITATIONEN, IMPULSE, BILDER UND GEBETE FÜR TRAUERGOTTESDIENSTE

TOD DEM TOD

Dem Tod
    Den Tod gewünscht
Komm
    Schlafes Bruder
Sanfter Tod
Raubritter
Geliebter Tod
Stachel im Fleisch
Dornentrank
Schirlingsbecher
Endlich
Tot oder lebendig
    Tod dem Leben
Aber
Leben im Tod
Leben aus Tod
Aus dem Tod
Heraus Leben
Liebe wäre das
Der Himmel
Weiß
Wie

DORT ABER

Hinabgestiegen
In das Reich des Todes
In den Hades der Schatten
In die Angstfurchen deiner Seele
In den Blutfluss aller
gefallenen Kinder Abels
In die blaue Nacht der stummen Schreie
Durch die Falltür missbrauchter Träume
Hinabgestiegen
In das Lichtloch der jetzt schon
Jenseitigen
Zu den Loosern und Verbrannten
Zu den Habenichtsen und Allesfressern
Zu den Besserwissern und Statthaltern der Gnade
Zu den Ijobs und Marthas
Zu Achmed und Benjamin, zur Mary und der kleinen Sin Jin
Hinabgestiegen
In die Höllen einer Gottesferne
In die Höhlen unserer Verstecke
In die blauen Grotten aus Eis und Gas, Wasserstoff und Beton

Dort aber
Ganz unten
Rollt er die Geschichte
Neu auf
Creator Spiritus
Da wird Heulen sein und Zähneknirschen
Bei den Einen
Andere
Aber werden
Sich die Augen reiben
Vor Wunder
Und möchten – am liebsten –
Nicht mehr herauskommen
Aus dem Staunen

GESEGNET

Gesegnet Eure Tränen
und gesegnet Eure Hoffnung,
dass das Unbegreifliche euch nicht stumm macht,
für die Frage und die Klage,
damit ihr euch nicht verloren fühlt.

Gesegnet Eure Trauer
und gesegnet Eure Hoffnung,
dass Ihr nicht erstarrt im Schmerz,
sondern behutsam Abschied nehmen könnt,
ohne einander verloren zu geben.

Gesegnet Eure Gemeinschaft
und gesegnet Eure Hoffnung,
dass einer den Anderen suchen darf
als Hilfe und Stütze,
damit keiner verloren geht.

Gesegnet Eure Liebe
und gesegnet Eure Hoffnung,
dass die Liebe mächtiger ist als der Tod,
ein Netz, das trägt und bindet,
und in dem niemand verloren ist.

Gesegnet Euer Glaube,
und gesegnet Eure Hoffnung,
dass nach Erschrecken und Angst,
bald wieder fester Boden euch trägt,
und Gott euch seinen Weg in eine gute Zukunft führt;
weil er niemanden verloren gibt.

OSTERNACHT

Nahende
Nacht
Niederung
Naht
Nachrichtensperre

Nachtfeuer
Nisten
Notsignale
Neben
Namenlose
Nachttote

Niemandsnähe
Niemandsland
Nur
Noch
Nichts

Da
Durchbrichst
Du
Dein
Dornengrab

Nur
Noch
Nähe

EMMAUS

Komm
Geh'n wir ein Stück
Atmen
Wir einander ein und aus
Was uns bewegt
Es war doch alles wahr
Als
Ginge ein Traum am Morgen
Gut aus
Wenn wir erwachen
Und er
Wie immer
Dabei
Worte wie ein Gedicht
Hände reich an Segen
Brot, das sich selbst verteilt
Und einen Geist –
Da gehen einem die Augen auf
Himmelsperrangelweit
Gnadenreich
Und alles ist da
Wieder wahr
So war es einmal
So kommt ER wieder
Todesmutig
Bricht er den Schein
Aber nur
Wo Dein Herz
In Flammen steht

MIT DIR

Komm:
Geh' mit mir
Geleite mich
Durch den Sturm
Bleib' bei mir
In der Spur

Komm:
Erzähl' mir
Wunderdinge
Sing' mir
Sphärenlieder
Überred' mich
In meiner Muttersprache

Tanz' mit mir
Bis sich alle Sinne dreh'n
Lass mich
Wach träumen
Hol' mir
Bloß keinen Stern vom Himmel
Mal' vielmehr
Den Bundesbogen in neuen Farben
Schau' mich
In deinem Spiegelbild
Lach' mir
Mitten in's Angstherz

Befrei' mich
Von allem Scheinsein
Lock' mich
Mit meinem Namen

Küß' mich
Beatme mich
Ertränke mich
Im Glück
Dass Du
Bist
Auferstandener

TROST

Trost spenden
Tröstung empfangen
Mit den Tröstungen der Heiligen Mutter Kirche
Versehen sein
Trostworte
Trostleere Worte
Vertröstet werden
Ungetröstet sein
Trostlosigkeit
Gefüllte Leere
Aber noch: Bei Trost sein
Bei Dir sein
Trost als Treue
Trost als Trauen
Vertrauen
Du bist
Der Ich-Bin-Da
Dornbuschtreue
Getröstet sein
Jetzt
Getrost
Leben

Bücher zu Tod & Trauer

Sterbesegen

Gebete und konkrete Hilfen im Trauerfall

Krankenbesuch

Seniorengottesdienste

Trauerfeiern, -ansprachen, Begleitung und Gebet

Gott, auf dich vertraue ich

Gebete und Segensfeiern im Umfeld des Sterbens

Herausgegeben vom Bischöflichen Ordinariat Regensburg, Hauptabteilung Seelsorge

Das Buch bietet ansprechende Gebete und kleine Segensfeiern, die von hauptamtlichen Seelsorgenden ebenso verwendet werden können wie von all denen, die in diesen schweren Situationen begleitend zur Seite stehen. Es unterscheidet Gebete vor und nach dem Verscheiden eines Menschen und berücksichtigt unterschiedliche Todesursachen: in Krankenhäusern, Pflegeeinrichtungen und zu Hause. Zusätzlich werden auch Texte für die Spendung der Krankensakramente in Todesgefahr geboten.

152 S., geb., mit Lesebändchen
ISBN 978-3-7917-3058-5
€ (D) 19,95 / € (A) 20,60

MANFRED HANGLBERGER

Trauergebete, Traueransprachen

Texte am Sterbebett, für Trauerandachten und Beerdigungen

Die sensibel formulierten Texte zeigen die große seelsorgliche und familientherapeutische Erfahrung des Autors. Auch mit Gestaltungselementen für Tierbestattungen.

112 S., kart.
ISBN 978-3-7917-2886-5
€ (D) 14,95 / € (A) 15,40
auch als eBook

einst
in einem garten
als du weintest
traten die flüsse über ihre ufer
als du weintest
brachen alle dämme
als du weintest
öffneten sich die schleusen des himmels
und die tränen auf deiner stirn
schwitzten rotes blut
angst rann dir aus allen poren
und tränkte mutter erdes
aufgekratzte narben
und wir
kinder kains und kinder evas
wir konnten nicht wachen
konnten nicht weinen
waren dein friede nicht
und auch nicht dein glück
adamssöhne und -töchter
mehr
tot als lebendig
hilf, herr,
hilf uns durch die flut unserer tränen
rette uns
durch das rote meer der angst
führe
unsere toten
an deiner lichten hand
ans rettend neue ufer

Größer (weißt Du)
Um alles in der Welt
Ist das, was unsichtbar um dich greift

Weiter (weißt Du)
Lichtjahreweit
Ist Leben, das dich auf Umlaufbahnen beschattet

Höher (weißt Du)
Atemraubend hoch
Webt sich ein Nichts in dein Herz

Schneller (weißt Du)
Um Windeseile kälter
Rast eine Zukunft dir entgegen

Tiefer (siehst du)
Abgrundbreit tiefer
Verwehren sich all deine spekulativen Gedanken

ER aber
Unbegreiflicher Gott
::::
Größer als deine Welt
Weiter als dein Meer
Höher als dein Denken
Schneller als deine lichten Augenblicke
Tiefer als dein Herz
Erlöster als deine Kreuzwegstationen
Lebendiger als dein Tod

ER
Nennt dich
    Kleines Menschenjunges
    Im Schatten seiner Flügel:
DU

BILD-MEDITATION: LABYRINTH UND ROSE

○ Bild: Sieger Köder „Labyrinth und Rose“ – *Bezugshinweis: S. 109*

Wie soll man verstehen, was unverständlich zu sein scheint?
Wie soll man denken, was undenkbar ist?
Wie sich vorstellen, was eigentlich unvorstellbar ist?
Leben, Tod, Liebe, Erinnerungen, Freundschaft, Himmel, Heil, Vollendung, Krise, Leid
Höhen und Tiefen, Enge und Ängste
Das Leben überrascht schon so oft, packt dich von unerwarteter Seite, schlägt Haken und Umwege und erweist sich eben nicht als ein gerader Weg, sondern zu oft als ein Labyrinth; wie mag es dann erst mit dem Tod und einem Leben aus der Mitte des Todes aussehen?

Wahr ist: Im Gehen gestaltet sich der Weg unter den eigenen Schritten.
Das hält Leben spannend und frisch, aber eben auch risikoreich.
Wo der Eingang ist, wo es losgeht, das lässt sich gerade noch finden.
Aber dann schon bald: links oder rechts.
Versuch und Irrtum. Herausforderung und Erfahrung. Leben bleibt Gabe und dir und mir aufgegeben. Du musst entscheiden, manchmal ein echtes Kunst-Stück; ohne zu bereuen, ohne so zu tun, als wüsstest du, was dich nach der nächsten Abzweigung erwartet.
Auf dem eingeschlagenen Wege beschleicht einen nicht selten das Gefühl, dass man so nicht zum Ziel kommt. Angst. Unsicherheit. Umkehr? Augen zu – und durch? Pass auf, dass dir die Leichtfüßigkeit nicht verloren geht? Und die Freude nicht auf der Strecke bleibt. Sieh zu, dass du selbst nicht dabei verloren gehst oder dir dein Gott.
Wie heißt dein Ziel eigentlich, für das du gehst, für das es sich zu leben und zu arbeiten lohnt?
Leben, um zu arbeiten … arbeiten, um zu leben. Leben, um zu …
Nur bloß nicht:
Sich im Kreis drehen, das Ziel nicht aus den Augen verlieren.
Und – wie heißt wohl Gottes Ziel mit Dir?
Wirst du den Weg geführt, den du wählst?

Sieger Köder zeichnet in seinem Bild ein solches Lebenslabyrinth.
Und aus der Mitte, aus dem Ziel, wächst ein üppiger Rosenstrauß.
Mit dem Tod scheint das Leben – gleich wo einer steht – an sein Ziel zu gelangen.
Doch viel mehr weiß noch der Glaube:
Nicht Ende, sondern Anfang.
Nicht Ende, sondern Vollendung.
Dir und auch mir; uns allen blüht der Tod.
Was noch unvollendet war, wird jetzt vollendet.
Was noch keimhaft angelegt war, wird nun zur Blüte kommen.
Das Rosenfenster einer Kirche zeichnet den Hintergrund.
Im Himmelsblau spiegelt sich schon wider,
was dein Leben zum Leuchten und Blühen bringt.
Glaube wächst auch in dem Maß, in dem ich ihn erwarte.
Alles, was ist, wird noch einmal übertroffen von dem,
was sein wird.
Doch nicht an Leid und Tod vorbei geht die Hoffnung,
sondern mitten hindurch.
Du, Menschenkind, sagt Gott, bist geboren, um zu leben.
Um ein Leben in Fülle zu leben.
Jetzt schon und einst, wenn sich für dich die Fenster
zum Himmel ganz öffnen.

BILD-MEDITATION: ZEIGE DEINE WUNDE

○ Bild: Joseph Beuys, Installation „Zeige Deine Wunde“ (Lenbachhaus München) – *Bezugshinweis: S. 109*

Nackt und kahl schaut uns die Installation an. Schaut sie uns an? Auf die Liegen gehören Kranke, die transportiert werden könnten. Aber hier ist keiner, der offensichtlich krank ist. Und schon gar nicht so krank, dass er sich hinlegen müsste. Ich sehe keinen. Du? Krankheit – was bedeutet das eigentlich? Ist krank das Gegenteil von gesund? Und Gesundheit – ist das:

Frei sein von Schmerz?

Frei sein von Behinderung?

Frei sein von physischen und psychischen Einschränkungen?

Aber, wenn das so ist – bin ich dann heute gesund, war ich es jemals?

Gesundheit an Leib und Seele, sagen manche, sei: In Balance sein; Ausgewogenheit der Kräfte; Kraftströmungen können frei fließen, keine Blockaden haben.

War ich jemals, bin ich dann gesund?

Jesus war wieder mit seinen Jüngern unterwegs – dichtes Treiben. Da trat eine Frau von hinten an Jesus heran. Sie litt seit 14 Jahren an Blutfluss. Ihr ganzes Vermögen hatte sie … Sie dachte sich: Wenn ich auch nur den Saum seines Gewandes berühre, werde ich geheilt …

Zeige deine Wunde!

Mutig, was die Frau da wagt. Sie wagt sich in einen Bereich vor, der einem Abenteuer gleicht, einem Gang ins Ungewisse. Sie wagt zu glauben. Sie wagt es, dem Gerücht von Jesu Kraft Glauben zu schenken. Wer am Ende aller scheinbaren Weisheit angelangt ist, greift nach jedem Strohhalm. Das klingt noch nicht nach tiefster Überzeugung. Ist es auch nicht. Aber ein erster Schritt.

Er heißt: Eingestehen, dass ich am Ende meiner Möglichkeiten bin. Eingestehen, dass ich begrenzt bin. Eingestehen, dass ich endlich bin, ein Mensch, kein Gott. Eingestehen, dass ich bedürftig bin. Gottesbedürftig.

Zeige deine Wunde!

Die provokativen Krankenliegen stehen nicht umsonst da. Eine könnte für mich sein. Eine ist für mich.

Ach was – das wird schon wieder. Das wollen wir doch mal sehen. Das wird schnell wieder gut. Das ist eine Frage von ein paar Tagen. Dann geht's mir wieder besser.

Bloß nicht schlapp machen. Bloß nicht hängen lassen. Augen zu und durch. Andere haben's ja auch geschafft. Warum sollte ich es nicht schaffen? So schnell stirbt's sich nicht. Das wollen wir doch mal sehen. Nur die Harten kommen schließlich in den Garten. Und die Anderen? Welche Anderen? Das Leben geht doch weiter. Klar. Und wenn du glaubst, es geht nicht mehr, dann kommt ja schon das bekannte Lichtlein her.

Na siehst du, man darf im Leben nicht alles so grau sehen. Kopf hoch. Du schaffst das schon. Du schaffst das schon. Du schaffst das schon. Das schaffst du schon. Das schafft dich schon. Geschafft!

Zeige deine Wunde!

Aber, ich will meine Wunde nicht zeigen! Sie haben mir doch gesagt, von Kindheit an haben sie mir doch eingebläut: Es ist gefährlich, schwach zu sein. Es ist gefährlich, nachzugeben. Es ist gefährlich, Wunden zu zeigen.

Du musst stark sein! Du musst mutig sein! Du darfst Dir nichts anmerken lassen! Du musst die Zähne aufeinander beißen. Du musst deine Ellenbogen gebrauchen – sonst bist du in dieser Welt verloren; sonst bleibst du auf der Strecke, sonst bist du hoffnungslos verloren! Verraten und verkauft.

Und ich sehe die, die schwach waren – und ich sehe die, die nachgaben – und ich sehe die, die Rücksicht nahmen – und ich sehe die, die ihre Wunden nicht verbargen. Gingen sie denn alle verloren?

Wenn du deine Wunde nicht zeigst, wie willst du Heilung finden?

Was würde ich drum geben, wenn ich mich offenbaren könnte: In meinen Verletztheiten. In meinen Verletzlichkeiten. In meinen alten Wunden. In meiner Schwachheit. In meiner Bedürftigkeit. In meiner Menschlichkeit. In meiner Krankheit. In meiner Heil-losigkeit.

Wenn da doch noch Einer wäre, in diesem Raum da. Wenn der Raum nicht so kahl und nackt wäre. Wenn ich mich nicht so nackt dort fühlen müsste. So ausgeliefert. So verletzlich.

Wenn da ein Mensch wäre, ein Arzt, ein Heiler, ein Seelentröster, eine Begleiterin, eine Zuhörerin, eine Beichtmutter, ein Heiland … Sie aber hatte von Jesus gehört … Und sie sagte sich: Wenn ich auch nur den Saum seines Gewandes berühre, werde ich geheilt …

Auch nur den Saum seines Gewandes … Mehr müsste es ja gar nicht sein, fürs Erste: Eine vorsichtige Kontaktaufnahme; eine harmlose Geste; eine behutsame Berührung – ein Versuch, der's wert wäre. Mal sehen. Mal spüren, wie sich das anfühlt.

Wer hat mich berührt? – Da sah er die Frau. Und sie sagte ihm die ganze Wahrheit.

Jetzt ist es raus! Endlich. Die ganze Wahrheit. Nicht nur ein Stück Wahrheit. Ganz Wahrheit. Ganz – ganzheitlich – holos (wie der Grieche sagen würde). Holos – da ist es nicht mehr weit bis zum Heil.

Da ist das Heil schon ganz nahe. Da ist ER schon ganz nahe.

Zeige deine Wunde! Ja, ja, ja. Ich will Ihm meine Wunde zeigen, weil ER auch mir Seine Wunden zeigt. Die Wundmale, die Narben seiner durchbohrten Liebe: Hände, die zärtlich berühren, Füße, die zum Ausweg wurden; ein Herz, das für mich schlägt.

Zeige deine Wunde, Petra und Maria, Karl und Edith – und Thomas: Leg deinen Finger in meine Wunden. Wir sind doch Seelenverwandte; wir sind doch miteinander und auch durcheinander Verwundete.

Sieh doch: Nur der Verwundete ist auch der Auferstandene.

Und von jener Stunde an war die Frau geheilt.

VOM LEBEN UMFANGEN

LITURGISCHE TEXTE FÜR TRAUERFEIERN

KYRIE-RUFE

Dein Tod hätte genügen sollen
Denen, die sich Christen nennen.
Dein Tod hätte enthalten können
Alle Tode, die wir kennen
Alle Tode, die wir bringen
Alle Tode, die wir erleiden

Herr, erbarme dich.

Dein Tod hätte vereinen sollen
Alle, die davon erfuhren
Dein Tod hätte uns helfen können
Alle Lebensangst zu nehmen
Alle Ängste, die wir bringen
Alle Ängste, die wir erleiden.

Christus, erbarme dich.

Dein Tod hätte uns vorbereitet für das Leben
Dein Tod war der Weg
In ein Leben ohne Tod
Ohne Tode, die wir bringen
Ohne Tode, die wir erleiden

Herr, erbarme dich.

CHRISTUS-LITANEI
(AUCH FÜR DEN WEG ZUM GRAB)

Herr Jesus Christus,
du bist der gute Hirte.
Du kennst die Deinen
und die Deinen kennen dich.
Du lässt uns lagern auf grünen Auen
und führst uns zum Ruheplatz am Wasser.
Du leitest uns auf rechtem Weg,
auch durch's finstre Tal des Todes.
Wir fürchten kein Unheil, denn du gehst mit uns:
Dein Kreuzstab gibt uns Zuversicht.

Kyrie, kyrie eleison (Taizé)

Herr Jesus Christus,
du bist uns vorausgegangen,
um uns eine Wohnung zu bereiten.
In deines Vaters Haus, so hast du uns gesagt,
gibt es viele Wohnungen.
Wohl denen, die in Gottes Haus wohnen dürfen,
die ihn schauen allezeit:
Gott ist ihnen Sonne und Schild,
er schenkt Gnade und Herrlichkeit.

Kyrie, kyrie eleison.

Herr Jesus Christus,
du Gottes- und Menschensohn,
du hast dich uns gleich gemacht bis in den Tod.
Doch Gott hat dich nicht im Grab gelassen;
er hat die Nacht des Todes in Licht und Leben verwandelt.
Er führte dich hinaus ins Weite
und machte deine Finsternis hell.
So lässt er uns in dir ein Licht erstrahlen,
und schafft uns weiten Raum.

Kyrie, kyrie eleison.

Herr Jesus Christus,
du hast den Lazarus, der schon drei Tage im Grab war,
wieder in das Leben zurückgeführt.
Du hast dem Jaïrus sein totes Töchterlein wiedergegeben
und der trauernden Witwe ihren einzigen Sohn.
Denn du bist die Quelle des Lebens,
in deinem Licht schauen wir das Licht.
In deinem Schatten dürfen wir uns bergen,
unter deinen Flügeln finden wir Geborgenheit.

Kyrie, kyrie eleison.

Herr Jesus Christus,
du bist das Licht des Lebens.
Wer dir nachfolgt, wird nicht im Finstern wandeln.
Zeige uns, Herr deinen Weg,
der uns zum Leben führt.
Sende uns deinen Geist, der Leben schafft,
dass er uns führt auf ebenem Pfad.
Geh du mit uns und nimm uns an der Hand:
Dann sind wir gewiss zu schauen
die Güte des Hern im Land der Lebenden.

Kyrie, kyrie eleison.

Guido Fuchs

FÜRBITTEN ZUM LIED „MEINE ZEIT STEHT IN DEINEN HÄNDEN"

Lied Meine Zeit steht in deinen Händen (Liederbücher)

FÜRBITTEN

Lasst uns beten. – Jesus Christus, du bist auferstanden aus dem Grab, offen für eine neue Zukunft mit Gott. Dich bitten wir:

- Meine Zeit, Herr, steht in deinen Händen. – Nimm du, Herr, N. N. bei der Hand und begleite sie/ihn auf dem Weg in deine tiefe, zeitlose Liebe.
  Der du unser Leben trägst und hältst:
  Wir bitten dich, erhöre uns.
- Sorgen quälen und werden mir zu groß. – Herr, tröste mit deiner heilenden Nähe alle, die jetzt traurig sind; alle, die sich Sorgen machten; alle, die am Ende ihrer Kraft waren.
- Hilflos seh' ich, wie die Zeit verrinnt. – Herr, mach uns hellwach, den Augenblick als kostbares Geschenk zu nutzen; jede neue Stunde wie ein Streifen Land zu sichten, in das wir Güte und Liebe säen können.
- Führe du mich Schritt für Schritt. – Herr, begleite alle Trauernden und Sorgenden Schritt für Schritt zu neuen Lebensaussichten.
- Es gibt Tage, die bleiben ohne Sinn: Herr, stütze und stärke alle, die den Mut verlieren, alle Ängstlichen und alle vom Leben Verwundeten und Gekränkten.

Guter Gott, kostbar wie die Zeit, die du uns verantwortungsvoll anvertraust, beruhigt durch dein Ja zu unserer Geschichte, geborgen im Nest deines Wortes, wagen wir uns mit dir in ein Leben mit Christus, unserem Bruder und Herrn. Amen.

FÜRBITTEN ZU JOH 21,1–25: DER AUFERSTANDENE AM SEE

Auferstanden ist Christus, der Herr. Er erwartet uns. Und wir sind da mit unseren Herzensanliegen und rufen ihm zu:

Du auferstandener Herr –
wir bitten dich, erhöre uns.

- Als es Morgen wird, standest du am Ufer. – Herr, du kennst N. N. Du hast sie/ihn gerufen, geführt und gesegnet zu einem Leben nach deinem Wort. Führe sie/ihn nun aus der Nacht von Angst und Tod in das Morgenrot deiner Auferstehung.

- Sie hatten die ganze Nacht nichts gefangen. – Herr, du kennst unsere Trauer um N. N. Noch kaum fassbar bleiben unsere Erinnerungen wie in Nacht gefangen. Aber tröste unsere Herzen und Gedanken. Schütze die Familie von N. N., alle Verwandten und Freunde und Freundinnen. Fülle unsere leeren Netze und Hände.

- Du sagst: Kommt her und esst! – Herr, du kennst unsere Hunger nach Liebe und Gemeinschaft; nach einem Glauben, den unser Leben nährt. Rufe uns aus der inneren Einsamkeit zur sichtbaren Gemeinschaft um deinen Altar. Gib uns im Brot deine Liebe. Lass uns in der Eucharistie die große himmlische Gemeinschaft feiern mit alle die leben, auch wenn sie gestorben sind.

- Du fragst Simon Petrus: Liebst du mich? – Herr, du kennst unser Herz und unsere Gedanken. Du weißt alles. Du weißt, dass wir dich lieben und auch verraten können; du weißt, dass wir dir treu sind und auch uns selbst untreu werden können; du weißt um unsere Möglichkeiten und unsere Grenzen. Aber schütze mit uns und auch durch uns alle Kranken und Pflegenden; alle Müden und Gestrandeten, alle Liebe-Losen und Liebe-Bedürftigen.

Herr, dein Licht leuchtet in der Nacht. Im Morgenrot deckst du uns den Tisch der Gnade. Heute, in aller Zeit und einmal in Ewigkeit. Amen.

TOTENGEDENKEN

Wir gedenken aller, die (aus unserer Gemeinde) im vergangenen Jahr von uns gegangen sind. Sie haben mit uns gelebt und mit uns Beten und Singen, Lachen und Weinen, Hoffen und Bangen geteilt. Ihr vertrauter Anblick ist nicht mehr, ihre Stimme mischt sich nicht mehr mit den unsrigen. Ihr Platz ist verwaist, ihr Fehlen stimmt uns traurig: Wir vermissen sie. Nimm sie auf, Herr, in den Chor derer, die dein ewiges Lob singen, gib ihnen einen Platz an deinem Tisch, wo wir sie wiederfinden beim ewigen Hochzeitsmahl.

V Herr, gib ihnen die ewige Ruhe.
A Und das ewige Licht leuchte ihnen.
V Lass sie ruhen in Frieden.
A Amen.

Wir gedenken unserer verstorbenen Angehörigen, Freunde und Bekannten, die hier oder an anderer Stätte ruhn. Sie begleiten uns noch immer in unseren Gedanken, dankbar sind wir für all das Gute, das sie uns geschenkt haben. Vor allem danken wir ihnen für den Glauben an das Evangelium Jesu Christi, den wir von ihnen empfangen haben. Lohne ihnen all das Gute und stärke in uns die Hoffnung, dass wir sie dereinst wiedersehen werden in einem Leben, das kein Ende mehr kennt.

V Herr, gib, ihnen die ewige Ruhe.
A Und das ewige Licht leuchte ihnen.
V Lass sie ruhen in Frieden.
A Amen.

Wir gedenken auch derer, an die sich niemand mehr erinnert oder die anonym bestattet wurden. Herr, du hast sie in deine Hand eingeschrieben und nennst sie beim Namen. Du weißt um ihr Sehnen und Hoffen im Leben, du kennst ihre Liebe und auch ihr Leid. Wir bringen sie im Gedenken vor dich und bitten:

V Herr, gib ihnen die ewige Ruhe.
A Und das ewige Licht leuchte ihnen.
V Lass sie ruhen in Frieden.
A Amen.

Gott, unser Vater,
du liebst die Menschen und willst ihnen nahe sein.
Höre auf unser Gebet
für die Verstorbenen unserer Gemeinde und unserer Familien,
für alle, die wir im Herzen tragen, und für diejenigen,
an die niemand mehr denkt und deren Namen wir nicht wissen.
Nimm sie in deine ewigen Wohnungen auf;
lass sie dich mit allen Engeln und Heiligen schauen
und sich an dir freuen.
Darum bitten wir durch Christus, unseren Bruder und Herrn.

Guido Fuchs

GEGEN DEN AUGENSCHEIN

TEXTE ZUR BESINNUNG

VARIATION ZU PSALM 23

Der Herr ist mein Hirte.
Er führt mich in das Geheimnis, das wir Leben nennen.
Er lässt mich dabei nicht allein.
Er führt mich so, dass der Weg unter meinen Füßen wächst.
Er macht seinem Namen alle Ehre:
Vorsichtig und sorgsam, kundig und klug ist seine Führung.
Er überlässt nichts dem Zufall, aber alles der Fügung.
So fügt sich eins zum anderen, Schritt um Schritt.
Schatten wechselt mit Licht, Wüste mit Garten,
er aber bleibt immer derselbe, ganz Er;
darum fürchte ich nichts und niemand.
Der Hirte meines Lebens bleibt bei mir,
er hütet mein Leben, er schützt es, weil er es schätzt:
Darum bin ich –
und werde: Tag um Tag.
Wie Zeichen sind mir die kleinen großartigen Wunder,
die er mit mir am Wegesrand entdeckt.
Ich schaue die Welt mit neuen Augen:
Ein Tisch ist mir gedeckt, überreich,
in rot und dunkelblau,
hoffnungsgrün und schmetterlingsleicht;
das Gold der Ähren leuchtet im warmen Brot,
im Blut des neuen Bundes spiegelt sich der Himmel.
Sprachlos werden meine Feinde vor Neid erblassen,
denn maßlos mutig ist deine Liebe, du guter Hirte.
Auch meine Wunden darf ich dir zeigen,
wie königlich salbst du mich mit jedem Wort.
Darum traue ich dir über den Weg,
vertrau mich dir an,
traue dir alles zu:
Sogar, dass du mein Leben über den Tod hinaus hebst
in eine Fülle, von der ich jetzt nur träumen kann.

WENIGER

Unfassbarer Gott,
die Nächte sind dunkler geworden,
die Umrisse verschwommener,
die Sterne weniger seit N. N. tot ist.
Ein Hauch von Endlichkeit hat unsere Seele gestreift,
eine Ahnung von Ohnmacht unsere Gedanken erreicht.
Wir haben miteinander gelacht und geweint,
das Leben erstritten und getanzt, uns verzweifelt geliebt.
Jetzt hat das Leben viele Buchstaben weniger.
Doch bitten wir dich, Gott:
Hilf uns lesen, was du zwischen unsere Lebenszeilen schreibst.
Hilf uns hören,
wo und wann du uns Leben und Liebe neu zuflüsterst.
Gib uns darauf dein Wort, du lebendiger Gott. Amen.

GEGEN DEN AUGENSCHEIN

Gegen den Augenschein, lebendiger Gott,
hilf uns in manch schwachen Stunden unseres Glaubens,
dass der Tod nicht die Macht hat,
uns auszulöschen.
Im Tod hört das Herz auf zu schlagen,
aber es hört nicht auf zu lieben.
Im Tod stirbt die Zelle, aber nicht die Zukunft.
Der Tod kann erschrecken, aber niemals zu Tode.
Er macht sprachlos, zeigt uns eine Grenze,
will uns ohnmächtig sehen.
Hilf uns Gott zum nächsten Schritt,
noch schwach, noch hilflos, noch schwankend.
Hilf uns leben, hilf uns hoffen, hilf uns glauben,
hilf uns vertrauen.
Durch Jesus Christus, unseren Bruder und Herrn.
Amen.

NACKTE EXISTENZ

Nackt sind wir geboren worden, Gott
Schutzlos ausgeliefert an diese Welt.
Hände aber haben uns begrüßt,
herzliche Worte uns empfangen.
Nähe gab uns neue Sicherheit,
Liebe ein Haus.
Wenn wir zurückkehren, Gott,
wenn wir den Heimweg antreten, Gott,
wird es sein wie einst:
Mit unserer ganzen Existenz,
kehren wir nackt zurück;
einzig bekleidet mit unserem Sein,
dem gewordenen, geglückten,
verfehlten, geleugneten, erfüllten;
einzig angezogen von der Liebe –
unserer, aber mehr noch der deinen.
Amen.

AM MEER

Der Wind, der mir durchs Haar streicht, fragt mich:
Wohin gehst du?

Die Sonnenstrahlen, die mich umfangen, fragen:
Wer umarmt dich heute Abend?

Das Meer mit seinen Gezeiten fragt mich:
Wer ist dir treu?

Der blaue Endloshimmel über mir fragt mich:
Wo berühre ich dich?

Die Fußspur im Sand fragt:
Wie geht der nächste Schritt?

Die Silbermöwe fragt mich:
Hast du wirklich losgelassen?

Der weiße Sand unter meinen Füßen fragt:
Und wem traust du?

Wo Himmel und Meer sich treffen, frag ich:
Geht es im Tod mit mir weiter?

Die weißen Segel fragen:
Bist du bereit für ganz Neues?

Gott sagt:
Du warst immer, du bist für jetzt und bleibst auf ewig –
meine Liebe.

ALLES ANDERS

Nur zu gut sehe ich, wie sich der Wind gedreht hat.
Wolken ziehen nicht länger auf ihrer gewohnten Bahn.
Das Grün des Buchenwaldes stimmt mich melancholisch.
Der sonst so stille See macht mir Angst.
Nichts ist so, wie es war.

Es scheint, als trage die Welt ein anderes Kleid, seit N. N. tot ist.
Meine Sinne kreisen um das Wort „Wie?" und werden nur
vom „Warum?" überholt.
Und du, Gott?
Die Symphonie deiner Farben wirkt plötzlich so blass.
Ich verstehe kein Wort mehr.
Kann der Tod denn auch dir die Sprache verschlagen?

Gib mir doch dein Wort, Gott, dass es anders ist als es mir scheint. Hilf mir/uns doch, unbegreiflicher Gott, vor dem Unfassbaren nicht davon zu laufen, es nicht zu ignorieren und zu leugnen. Hilf mir/uns doch, Gott, aufzusehen, weiter zu sehen; hilf mir/uns doch zum nächsten Schritt, zu einem weiteren Gedanken.

Vieles ist anders geworden.
Du bist, du bleibst so, wie du schon immer warst –
treu bis in Ewigkeit. Amen.

OHNE

Ohne Licht bleibt vieles im Dunklen.
Ohne Farben bleibt alles grau.
Ohne Musik singt niemand ein Liebeslied.
Ohne Worte bleibt alles stumm.
Uns fehlt dein Licht, N. N., uns fehlen deine Farben;
wir vermissen deine Musik und ein Wort von dir.
Ohne dich ist alles anders. Du fehlst.
Auch ohne dich, Gott, bleibt vieles grau,
monoton und zukunftslos.
Du fehlst uns, Gott, gerade jetzt,
wo wir traurig sind über den Tod von N. N.
Wir brauchen dich zum Leben, Gott,
zum Weiterleben, zum Überleben.
Lass nicht zu, dass Tod und Trauer uns den Blick verstellen
auf deine Gegenwart mitten unter uns.
Mitten in unserem Leben, mitten in unserem Sterben,
mitten im Tod – sind wir umfangen von einem Leben,
das Auferstehung heißt, das in den Farben des Regenbogens
leuchtet und singt von einer Zukunft mit dir, Gott.
Dahin führe und gleite N. N.,
durch Christus, unseren Herrn.
Amen.

HIMMELAN

Gott unseres Lebens,
wir sehnen uns nach Licht und Freiheit,
nach Weite und Heimat,
nach Glück und Frieden.
Wir ersehnen den Himmel auf Erden und wissen,
dass uns Welten trennen.
Doch wie nah bist du, Gott!?
Manchmal unmerklich, überraschend – wie im Traum.
Zeige uns den Weg zum Leben.
Zeige uns den Weg zu Dir.
Hilf uns, Stufe für Stufe himmelan zu laufen.
Führe N. N. im Tod zum Leben,
aus der Nacht in deinen Ostermorgen,
aus der Enge der Angst in die Weite deiner Himmel.
Amen.

GEGEN DEN TOD

Gott,
unbegreiflich zum Greifen nah,
dunkel voller Licht,
unsterblich hoffnungsvoll.
Im Tod eins Menschen berührt uns die
eigene Endlichkeit des Seins.
Die bekannten Worte sind zu brüchig,
das eigene Denken zu eng und der Glaube oft zu schwach.
Im Sterben und Auferstehen Deines Sohnes Jesus Christus
erklärst Du uns nicht, was Geheimnis ist und bleibt.
Aber Du lehrst uns singen,
singen gegen den Tod.
Singen von einer Hoffnung,
die noch jung ist wie ein neuer Morgen;
tasten nach Worten, die noch unverbraucht sind:
Dass der Tod nicht die Macht hat,
sondern Du, der am Anfang gesprochen hat:
Licht soll sein, Erde soll sein und Himmel,
Sonne und Sterne sollen sein,
Du (N. N.) sollst sein.
Amen.

SING MIT DEN TRAURIGEN EIN LIED

NEUE TEXTE AUF BEWÄHRTE MELODIEN

SEGNE DU, MARIA

Segne du, Maria, höre unsern Ruf,
zeig uns Gott, den Schöpfer, der uns alle schuf.
Er will, dass wir leben, er will unser Glück,
wirbt um unsre Liebe jeden Augenblick,
wirbt um unsre Liebe jeden Augenblick.

Segne du, Maria, lass uns Segen sein,
Licht und Schatten wechseln – lass uns nicht allein.
Alle Dunkelheiten, Not und Einsamkeit,
hilf uns auszuhalten, geh' mit durch die Zeit,
hilf uns auszuhalten, geh' mit durch die Zeit.

Segne du, Maria, zeig uns deinen Sohn,
Christus, Gottes Liebe, starker Lebensstrom.
Trag uns durch dies Leben, weck uns auf im Tod,
Sag: Du bist erwartet, Mensch von deinem Gott,
sag: Du bist erwartet, Mensch von deinem Gott.

T: Reinhard Kleinewiese 2013 © beim Autor
M: Cordula Wöhler 1870

SO NIMM DENN MEINE HÄNDE

So nimm denn meine Hände und führe mich,
mein Gott auf deinen Wegen auch zukünftig.
Getauft auf deinen Namen, gewollt, geliebt,
dem Osterlicht entgegen, den Tod besiegt.

So nimm denn meine Augen und lass mich seh'n
Wo immer Leben aufblüht, ist Aufersteh'n.
Da lockt uns deine Liebe ins Lebenslicht,
die Nacht weicht neuem Morgen, der Hoffnung Gesicht.

So führ uns deine Wege durch Raum und Zeit,
schenk uns in allem Suchen die Sicherheit:
Kein Wort, kein Weg, kein Augenblick bin ich dir gleich
Dein Ja klärt alle Fragen, beschenkt mich so reich.

T: Reinhard Kleinewiese 2013 © beim Autor
M: Friedrich Silcher 1842

ZUM PARADIES

Zum Paradies führt dich Gott in seiner Liebe,
auf diesem Weg kannst du dich sicher anvertraun,
denn schon vor aller Zeit schuf er dich: Sein Ebenbild.
Die Wunder des Lebens, manche Angst und Sorge
sollen leuchten und die Macht der Liebe,
soll Brücke sein vom Himmel bis zur Erde.

T: Reinhard Kleinewiese 2013 © beim Autor
M: Josef Seuffert nach der Antiphon „In paradisum"

DIE SICH FÜR GOTT ENTSCHIEDEN

Die sich für Gott entschieden
in dieser Erdenzeit,
sie ruhen aus in Frieden,
von aller Not befreit.
Und scheinen sie entschwunden
den Augen dieser Welt,
sie haben heimgefunden:
Gott hat sie auserwählt.

Ihr Los hat sich gewendet,
zur Freude ward ihr Leid;
ihr Leben ist vollendet,
ihr Lohn Unsterblichkeit.
Sie stehn, erfüllt von Wonne,
vor Gottes Angesicht:
Gott selbst ist ihre Sonne,
voll Seligkeit und Licht.

T: Friedrich Dörr
M: Zu singen nach GL 261
(Den Herren will ich loben)

GOTTESDIENSTE

FÜHRE SIE INS LEBEN, HERR

ANDACHT ZUR GRÄBERSEGNUNG AUF DEM FRIEDHOF ZU ALLERHEILIGEN/ALLERSEELEN

Vorbemerkungen

- Bei guten Wetterverhältnissen trifft sich die Gemeinde draußen vor der Trauerhalle in einem großen Kreis rund um einen schön gestalteten Tisch mit weißer Decke. Darauf eine große Schale mit erhitzter Kohle für den Weihrauchritus. Auf vier kleinen Schalen wohl duftende Weihrauchkörner. Die Osterkerze auf einem entsprechenden Leuchter neben dem Tisch.
- Liedzettel *oder* Liedbücher für alle
- Jede/r wird begrüßt mit einer kleinen Osterkerze / Vigilkerze.
- Bei schlechten Wetterverhältnissen findet die Feier in der Trauerhalle statt.

Lied Wer unterm Schutz des Höchsten steht

Begrüßung, Eröffnung

Vielleicht ist es
kein Weggehen
sondern Zurückgehen?
Sind wir nicht unterwegs
mit ungenauem Ziel
unbekannter Ankunftszeit
mit Heimweh im Gepäck?
Wohin denn
sollten wir gehen
wenn nicht
nach Hause zurück?

Anne Steinwart

Gut, dass Sie gekommen sind; als Besucherinnen und Gäste, als Angehörige und Freunde, als Schwestern und Brüder im Suchen und Hoffen, Glauben und Vertrauen auf den Gott, der das Leben will.
So begrüße ich Sie zu diesem kleinen Gedenkgottesdienst hier auf unserem Friedhof. Und noch einmal: Gut, dass Sie hier sind. Sie tun gut: Einander und jenen, die im Tod uns schon voraus sind auf der Lichtspur von Ostern. Gut, dass Sie keinen Bogen machen um diesen Ort, den viele doch eher meiden. Gut, dass Sie mit Ihren guten Wünschen hier sind, mit Ihren Tränen, in denen sich das Licht der Osterkerze widerspiegelt; mit Ihren Geschichten und Bildern, die Sie mit den Toten lebendig verbinden. Gut, dass auch Gott keinen Bogen um diesen Ort macht. Ganz im Gegenteil: Er hat in seinem Sohn diesen Ort durchkreuzt und verwandelt. Von diesem Hoffnungsschimmer können wir vorsichtig singen, uns ins Gebet mitnehmen lassen und dem Himmel Raum geben.

Kyrie-Rufe

Meine ganzen Fragen, was noch offen ist, bringe ich vor dich: Du kennst meine Stimme – Herr, erbarme dich.
Meine ganze Wahrheit, was verborgen lebt, bringe ich vor dich: Du willst Lebensfülle – Christ, erbarme dich.
All mein Denken, Fühlen, was nur Stückwerk blieb, bringe ich vor dich: Du schenkst Heil, das wandelt. Herr, erbarme dich.

Lesung

Offb 21,1–7

Impuls / Ansprache

Stille – Ruhe
Ruhe in Frieden
Ewige Ruhestätte.
Friedhof.
Ort der Stille.
Ich betrete einen Friedhof.
Fremde und wohlbekannte Gräber.

Fremde und allzu gut bekannte Namen. Gesichter. Geschichten. Erinnerungen. Lebensdramen. Schicksalsfügungen. Immer, wenn ich einen Friedhof betrete, verändert sich mein Schritt. Sonderbar – und wohlverständlich. Dies ist kein Ort wie andere. Ich betrete schweren, heiligen Boden. Auch wird mein Herzschlag anders, schwerer, kräftiger. Herzklopfen. Gedankenfetzen: Adam – der Mensch: Aus dem Staub der Erde gemacht, wird im großen Kreislauf des Lebens zur Erde zurückkehren. Ich bin von der Erde; sie ist meine Mutter; sie gebar mich mit Stolz und unter Schmerzen, sie zog mich auf mit Liebe, sie wiegte mich am Abend, sie schob den Wind herbei und ließ ihn für mich singen; sie errichtete mir ein Haus aus harmonischen Farben, sie nährte mich mit Früchten ihrer Felder, sie belohnte mich mit Erinnerung an ihr Lächeln und sie bestrafte mich mit dem Dahinschwinden der Zeit. Und am Ende, wenn ich mich danach sehne, fortzugehen, wird sie mich umarmen für alle Ewigkeit. Was will ich eigentlich hier? Bist du lebensmüde? Nein, ich bin lebenshungrig. Kreuze. Figuren. Stillleben. … Symbole ragen aus dem Totenreich: Blumen und Kerzen, Geknickte Ähren, Sonne und Mond und Sterne
Ein Spruch: Die Liebe hört nimmer auf … Und: Nie werden wir dich vergessen
Und: Du lebst weiter in unseren Herzen.
Und: Mein Hirt ist Gott der Herr …
Was werden sie über mich sagen nach meinem Tod? Was wird auf meinem Grabstein zu lesen sein? Wird es überhaupt einen Grabstein geben?
Ach, wissen Sie (Herr Pastor), unsere Mutter kommt auf ein anonymes Wiesengräberfeld. Wer soll denn ihr Grab in Zukunft pflegen? Da ist doch kein Angehöriger mehr. – Kein Name, kein Stein, keine Blume, kein Licht – aus den Augen, aus dem Sinn? Anonyme Beisetzungen haben in den letzten Jahren überproportional zugenommen. Ich stehe vor einem solchen Wiesengräberfeld. Der Wind treibt einige Blätter über die karge Wiese. Hier und da eine ver-

lorene Blume. Der Tod macht gleich – aber macht er auch unsichtbar? Die Toten brauchen für sich keinen besonderen Ort. Aber wir – wir brauchen einen solchen Ort …

Zum Grab der Großmutter.

Die Gute, sie hat mir vom Leben und vom Glauben glaubhaft gesungen. Sie war eine Lebenskluge. Das liebte ich an ihr.

„Wie geht's dir heute?" – Ihre Frage dringt durch Raum und Vergangenheit bis in meine Gegenwart.

„Ist es dort still, wo du jetzt bist?", frage ich erschrocken zurück.

Zum Grab des Onkels. Ich war noch nie da.

„Du hast kein stilles Leben geführt; es auch mit einem Knall beendet. Ist dir das Leben zu laut geworden?", frag ich leise.

Und dort – die Nachbarin, einsam und verhärmt ist sie von dieser Welt gegangen. Hab sie nie lachen gesehen. Das Leben – ein einziger Kampf ums Überleben? Was kann ich tun, damit ich nicht so ende wie sie? Und hier – der Kumpel und Kollege, viel zu früh gegangen. Magenkrebs – hat auch zu viel in sich hineingefressen – wer weiß, was. Gekämpft hat er – Chemotherapie, Uniklinik bis zum Schluss – da sind doch auch Frau und Kinder. Aber dann hat er entschieden – jetzt reicht es. Keine Chemo mehr. Lieber noch leben; kürzer zwar, aber intensiver. In der Todesanzeige lese ich: Gott, dem Herr, hat es gefallen, unseren Werner zu sich zu rufen. Nein, ich glaube, Gott, dem Herrn, hat es überhaupt nicht gefallen. Gott, der Herr, hat mitgelitten, mitgehofft, mitgeschrien, mitgeröchelt und ist mitgestorben. Mitbegraben, hinabgestiegen zu den Toten, am dritten Tage auferstanden von den Toten, aufgefahren in den Himmel – mit Werner.

Friedhof – so viel Erdenschwere, so viel Tränen, so viel Not und Traurigkeit – aber auch so viel Himmel. So viel offenen Himmel wie auf einem Friedhof habe ich noch nirgends sonst gesehen.

Lied Kündet allen in der Not, 1.3

Überleitung und Einladung zum Weihrauch-Ritus

Jede/r darf gerne in Erinnerung an einen Verstorbenen ein Körnchen nehmen und es auf die Kohle legen.
Danach Licht von der Osterkerze für die eigenen Kerzen nehmen!
Währenddessen: Lieder – vorgesungen von Chor und/oder Solist/in; z. B.:

- Meine Zeit steht in deinen Händen
- Aus der Tiefe rufe ich zu dir (S. 105)
- Ein Licht in dir geborgen
- Bewahre uns, Gott

Vaterunser

Segen

V Aus aller Not und Traurigkeit –
A führe uns ins Leben, Herr.
V Aus mancher Mutlosigkeit –
Aus lähmender Angst vor der Zukunft –
Durch Menschen, die uns gut tun –
Durch Vertrauen in dein Wort –
Mit all unseren Verstorbenen –
Mit Jesus Christus, dem Auferstandenen –

V Dazu segne euch und lasse euch zum guten Segen werden für andere der österliche Gott: der Vater, der Sohn und der Heilige Geist. Amen.

Lied Von guten Mächten

Gang zu den Gräbern und Segnung

IM UNTERWEGS ZUHAUSE – IM HIMMEL DAHEIM

ÖSTERLICHE EUCHARISTIEFEIER IN EINEM KIRCHLICHEN RAUM

- Der Sarg steht in der Kirche vor dem Altar. Der Leuchter für die Osterkerze neben dem Sarg oder an dessen Stirnseite.
- Eventuell ein sprechendes Zeichen/ein typischer Gegenstand/ein Symbol des/der Verstorbenen sichtbar neben dem Sarg (z. B. ein Musikinstrument, ein Bild, ein bekannter Gegenstand aus seinem Lebensraum)

Einzug mit Orgelmusik

Die brennende Osterkerze wird in den Raum hineingetragen und zum Sarg auf den Osterleuchter gestellt.

Lied

Wer unterm Schutz des Höchsten steht *oder* Ich steh vor dir mit leeren Händen, Herr *oder* Manchmal feiern wir mitten am Tag

Liturgische Eröffnung

Begrüßung / Impuls

„Nicht das ist ja das Ziel, dass die Toten zurückkommen oder wir sie festhalten, sondern dass wir ihnen nachgehen; dass wir unseren Weg auf dieser Erde so gehen, dass er uns näher zu ihnen hinführt. Ich glaube, dass die Toten es wohl empfinden, mit welchen Gedanken wir zu ihnen hindenken. Also schicke deine besten Empfindungen hinüber, deine Liebe und Dankbarkeit und deine Bereitschaft loszulassen. Schick dein Gebet hinüber für die Lieben und alle, die drüben sind. Gib ihnen ihren Weg frei und bereite dich darauf vor, sie zu finden, wenn du selbst hinüberkommst."

Jörg Zink

So also schicken wir unsere Gebete und Herzensanliegen hinüber, ins Jenseitig-Diesseitige; in Gottes Welt, die auch unsere ist. Es ist doch eins: Der Himmel ist der Himmel auch in Dir. Auch in unserer/m Verstorbenen N. N. Mit ihr/ihm zusammen feiern wir Auferstehung in dieser Eucharistie. Im Glauben, Suchen und Fragen an den einen Gott, der uns mitten im Tod mit dem Leben umfängt.

Kyrie-Rufe

Enge Grenzen – und deine grenzenlose Weite: Herr, erbarme dich.
Bodenlose Trauer – und dein vertrautes Wort: Christus, erbarme dich.
Haltlose Angst – und dein Haus, das mich birgt: Herr, erbarme dich.

Gebet

Ein Wort, lebendiger Gott, das du am Anfang ausgesprochen hattest, kehrt heute neu zurück. Ein Gedanke, den du vor ewiger Zeit ausgedacht hast, leuchtet heute neu auf. Dein Geist, der allem Sein Leben einhauchte, weht auch hier und heute, so wie du, Gott, es willst.
Und darum kann kein Tod, kein Erschrecken und Verstummen, keine Angst und kein Verdrängen uns trennen von dir und dem Leben, das du jedem deiner Menschenkinder geschenkt hast.
Mach dein Wort wahr, Gott, sprich gegen den Tod ein Machtwort, beatme uns neue mit deinem Geist, lass uns gegen alle Erfahrung denken können: Wen du liebst, den lässt du nicht im Tod.
Wen du rufst, der wird deinem Lebensruf folgen. An wen du denkst, der kann in Ewigkeit nicht verloren gehen. Dies erbitten wir heute für N. N., dies glauben wir für N. N. und dies ersehen wir für uns alle, im Namen Jesu Christi, der lebt und Leben schenkt in Ewigkeit. Amen.

Lesung

Variation zu Psalm 23 (S. 36)

Lied

Gottes Wort ist wie Licht in der Nacht

Evangelium Joh 11,17–27 (Marta, Jesus und die Auferstehung)

Ansprache Es klopft an der alten Klosterpforte. Ein Wanderer bittet, im Kloster für eine Nacht bleiben zu dürfen. Der alte Mönch öffnet die Pforte und lässt den Wanderer hinein. Beide durchschreiten die alten Klostergänge bis sie endlich vor der Tür zum Gästezimmer angelangt sind. „Bitte, treten Sie doch ein!“ Mit einem Lächeln öffnet der Mönch die Tür. Der Wanderer betritt den Raum, der nur mit einem einfachen Bett ausgestattet ist. „ Ach, wo haben Sie denn die Möbel?“, fragt der Wanderer erstaunt. „Wo haben Sie denn Ihre?“, fragt der Mönch zurück. „Meine, wieso?“ entgegnet der Gast, „ich bin doch nur auf der Durchreise!“ „Eben“, erwidert der weise Mönch, „das sind wir auch!“
Eben – das sind wir auch. Die kleine, pointierte Geschichte schafft es, mich an bestimmten Knotenpunkten meines Lebens nachdenklich zu machen. Geht es Ihnen auch in diesem Punkt wie mir, dass Sie auch spüren: Ja, Leben ist wie eine große Reise. Wir sind auch im Unterwegs zuhause, Nomaden mit viel oder wenig Gepäck; hineingeliebt in diese Welt, am allerbesten mit Vater und Mutter auf dieser Erde und einem gütigen Gott im Himmel wie auf Erden; kundig der Liebe wie des Leids und sehnsüchtig nach dem Himmel? So werden wir am Ziel der großen Reise auch diese Mutter Erde wieder loslassen müssen. Dies ist die eine Seite, spüre ich. Die andere sagt mir aber auch: Ich möchte nicht nur Durchreisender sein; ich möchte auch anhalten dürfen, aussteigen können, mich verwurzeln und beheimaten wollen. Und das bedeutet mehr als nur ein Haus oder eine Wohnung haben, eine Adresse oder zu wissen, wo Bäcker, Kino oder Kirche sind. Heimat finden heißt: Ankommen, ein Haus sein Zuhause nennen dürfen und vor allem: Geliebt werden und lieben dürfen.

Die Verstorbene hatte solche Orte, die sie Heimat nannte.

Hier können passende biografische Details der/des Verstorbenen eingefügt und ergänzt werden, z. B.:

Ihr Geburtsort, dem sie immer verbunden blieb und oft aufsuchte; das gemeinsame Haus, das Sie sich miteinander aufbauten und in dem die drei Kinder groß und lebenstüchtig wurden; die Freundeskreise in Hobby und Freizeit; der Marienwallfahrtsort ganz in der Nähe, zu dem es sie hinzog und in dessen Kapelle sie Zeit um Zeit verbrachte im Gespräch und Gebet mit Maria. Menschen sind mir Heimat, Glauben ist mir Heimat.

Und ich sehe die beiden im Bild vor meinem inneren Auge – sehen Sie sie auch? Marta und Maria. Die beiden – wie sie lauschen und singen, wie sie arbeiten und beten, wie sie um ihren Bruder Lazarus klagen und weinen. Und hören Sie auch Marta sprechen: Ja, Herr, ich glaube, dass du der Messias bist, der Sohn Gottes, der in die Welt kommen soll.

Alles Wandern bleibt Rastlosigkeit, alles Reisen bleibt Flucht, alles Sehnen haltlos, wenn es nicht eingewurzelt ist in den Boden von Glaube und Liebe. Da kann es wachsen, da kannst du wachsen, da kann der gute Same aufgehen; da formt sich aus vielen Bausteinen im besten Fall das Credo deines Lebens. Ich beneide die biblische Marta um die mutige Kraft dieses Glaubens und weiß von der/dem Verstorbenen N. N., dass sie/er in diesem Glauben Kraft fand, um mutig ihr/sein Leben zu gestalten. In der Bibelstelle heißt es dann: Als Marta hörte, dass Jesus komme, ging sie ihm entgegen.

Durchreisende soll man nicht aufhalten, wenn die Zeit gekommen ist. Erst recht nicht, wenn das Ziel Auferstehung heißt.

Fürbitten Lasst uns beten. – Herr Jesus Christus, wenn du uns einlädst, an deine Herzenstür anzuklopfen, nehmen wir all unsere Trauer, all unsere Hoffnung und all unseren Mut zusammen und rufen:

- Komm, Herr, und segne unsere Verstorbene/unseren Verstorbenen N. N. und führe sie/ihn aus der Dunkelheit in deinen Ostermorgen, aus dem Tod in dein Leben.
  Du, der du unsere Lebensreise kennst:
  Wir bitten dich, erhöre uns.
- Komm und segne N. N. und lass sie/ihn bei dir einen Frieden finden, den die Welt uns jetzt und hier nicht geben kann.
  Du, der du den Frieden liebst:
  Wir bitten dich, erhöre uns.
- Komm und segne die Familienangehörigen, Freunde und Weggefährten von N. N. und schenke ihnen Kraft aus deiner Kraft zum Helfen und Heilen, zum Tragen und Weitersehen.
  Du, der du Weg bist und Wahrheit bist:
  Wir bitten dich, erhöre uns.
- Komm und segne alle, die sich Zeit nehmen zum Lauschen und Begleiten, zum Erwarten und Segnen auf der großen Reise durch dieses Leben.
  Du, der du alle Fenster zum Himmel öffnest:
  Wir bitten dich, erhöre uns.
- Komm und segne uns und lege auf uns deinen Frieden.
  Du, der erfülltes Leben für uns hinhältst:
  Wir bitten dich, erhöre uns.

Herr, berühre uns mit deiner Kraft, berühre unsere Verstorbenen mit dem Zukunftsglanz der neuen Auferstehung. Amen.

Lied zur Gabenbereitung

Nimm, o Herr, die Gaben *oder* Wenn das Brot, das wir teilen *oder* Dieses kleine Stück Brot

Gabengebet Wir haben so wenig in unseren Händen, Gott. Ein wenig Atem bloß, der gerade ausreicht für die nächste Wegbiegung. Ein wenig Mut bloß, der hinreicht für uns beide. Einen kleinen Hoffnungsschimmer, der unter der Türritze vom neuen Tag singt. Eine kleine Melodie, die aus fast vergangener Zeit zum Refrain einlädt. Ein kleines Stück Brot und ein Schluck Wein – aufgefangen in den Schalen des Lebens. Wir haben so wenig und erhoffen so viel: Brot gegen den Tod, Wein für ein Sein, das Sinn macht; für ein Leben, an dem wir nicht vor Hunger und Durst sterben.
Du verwandelst das Wenige in so viel; du verwandelst den Tod in Auferstehung; verwandle du auch uns durch Jesus Christus in der Kraft des Geistes in Zeit und Ewigkeit. Amen.

Sanctus Heilig ist Gott, heilig, heilig ist der Herr (Taizé)

Akklamation Wir preisen deinen Tod …

Impuls nach der Kommunion:

Darum:
Als du
Den unreinen Geist
Ausgetrieben hast,
Standen mir die Haare zu Berge.

Als du
Dem Gelähmten
Den neuen Weg zum Leben
Bahntest
Bekam ich weiche Knie.

Als du
Vor den Augen der Gesetzestreuen
Die Rechte
Des Mannes mit der verdorrten Hand
Mitten am helllichten Sabbat
Wieder in die Mitte zurückholtest
Und er sich
Ausstreckte

Geheilt
Nach dir
Zog sich in mir
Alles zusammen

Als dir
Die blutflüssige Frau
In einem Anflug magischen Glaubens
Die ganze Wahrheit beichtete
Und nichts
Als die Wahrheit,
Fühlte ich
Wie mir das Blut in den Adern gefror.

Ich wusste erst
Warum,
Als sich dich
Kreuzigten

Darum glaube ich
Jetzt erst,
Dass du lebst.

Liedruf Meine Hoffnung und meine Freude (Taizé)

Schlussgebet Gott, ist es wahr, dass Wunder geschehen – und wir bleiben zu oft blind dafür? Ist es wahr, dass Menschen, die in Berührung mit Jesus, deinem Sohn, kamen, heil wurden? Ist es wahr, dass Blinde im Augenblick der Begegnung mit ihm alles in einem neuen Licht sahen; dass vom Leben Gezeichnete und Geknickte aufgerichtet in ein neues Leben liefen? Ist es wirklich wahr, dass mit deinem Einverständnis Tote mit dem Leben davonkommen?
Kaum zu glauben – aber wenn es wahr ist, wenn auch nur ein Funken Wahrheit aus der Nacht von Angst, Trauer und Zweifel auf uns überspringen kann, dann hilf uns leben, hilf uns glauben, hilf uns vertrauen, dass du, Gott, auch N. N. aus der Nacht in deinen Ostermorgen, aus dem Tod in deine Auferstehungszukunft führst. Lob und Ehre, Macht und Dank, dir, Gott in Ewigkeit. Amen.

Lied Meine Zeit steht in deinen Händen *oder* Ein Funke aus Stein geschlagen *oder* Möge die Straße

Gebet und Segnung des Sarges

Herr und Gott,
Schöpfer des Lebens:
Ich verstehe den Tod nicht – auch in seiner Nähe verstehe ich nicht:
Ich weiß – auch ich werde sterben, irgendwann, irgendwie.
Dein Sohn, Jesus, ist als Mensch geboren, hat mit ihnen geliebt,
er ist durch sie gestorben und für uns vom Tod auferweckt worden –
durch dich, Gott.
Auch das verstehe ich oft nicht.
Doch ich möchte so gerne hoffen, ich möchte so gerne vertrauen, ich möchte so gerne glauben, ich möchte so gerne leben. –
In der Taufe hat Gott dich bei deinem Namen gerufen.
So wird es auch jetzt wieder sein, wenn er dich in sein österliches Licht ruft.

Besprengung mit Weihwasser

Du bist begleitet durch seinen Segen.
In der Taufe hat Gott dich eingetaucht in das Geheimnis des Lebens: Geboren werden, wachsen und reifen, lieben und leiden, mit Christus auferstehen.

Besprengung mit Weihwasser

Du bist aufgehoben durch seinen Segen.
Durch die Taufe wirst du auftauchen zu einem neuen Leben in Gott: Atme, lebe.

Besprengung mit Weihwasser

Du wirst vollendet durch seinen Segen.

Lied/Text Zum Paradies (S. 45)

Auszug *mit Sarg und Osterkerze – österliches Orgelspiel*

SCHMETTERLINGSGRAB

VERABSCHIEDUNGSFEIER FÜR EIN KIND

Zu Beginn Orgelspiel

Liturgischer Gruß

Einleitung Traurig sind wir am Sarg von N. N.
Wohin sich wenden?
Wem die Klage und die Not entgegenschreien?
Mit welchen Worten?
Sie sind alle da:
Liebe Familie N. N.,
liebe Freunde und Freundinnen,
Nachbarn und Verwandte,
Ärzte und Krankenschwestern,
Pfleger, Väter und Mütter aus der Kinderklinik –
wie eine einzige große Familie,
wie ein Netz, das trägt und auffängt.
Gut, dass Sie alle jetzt hier sind.
Sie werden gebraucht.
Die Familie braucht Sie.
N. N. braucht Sie.

Einander können wir uns stützen;
zugleich aber auch wissend um unsere Grenzen;
um die Erfahrung, dass jeder und jede auch manch dunklen Weg
alleine durchstehen muss.

Und du, Gott,
bist du da,
bist du hier?
Hörst du die Klage,
spürst du den Schmerz?
Leidest du mit?

Wenn das nicht so wäre,
wohin dann gehen –
mit unserer kleinen Hoffnung auf ein wenig Halt und Trost.
Sei mit uns, großer Gott, menschenklein.

Kyrie-Rufe Jesus, du Christus Gottes, wir verstehen deine Wege oft nicht. Du gehst einen neuen Weg mit uns – Herr, erbarme dich.
Wir suchen eine Hand, die uns hält in dieser schmerzhaften Zeit. Du hältst und trägst uns – Christus, erbarme dich.
Der Boden schwankt, alles dreht sich. Du rettest uns durch die Zeit – Herr, erbarme dich.

Lied Aus der Tiefe rufe ich (S. 105)

Evangelium Mk 4,30–32
Jesus sagte: Mit welchem Gleichnis kann man das Leben (im Reich Gottes) noch vergleichen? Es gleicht einem Senfkorn. Es gibt kein kleineres Samenkorn, das man in die Erde sät. Ist es aber gesät, dann beginnt es zu wachsen und wird größer als alle anderen Pflanzen und treibt große Zweige, in deren Schatten die Vögel des Himmels nisten können.

Ansprache „Sind so kleine Hände, winz'ge Finger dran; sind so kleine Füße, sind so kleine Ohren." – Alles ist noch so klein, noch so zart, noch so zerbrechlich.
Alles ist noch so neu, so überraschend, so ungelebt – und das alles soll nun einfach so zu Ende sein, bevor es richtig angefangen hat?!
Es tut so weh, es zerreißt einem fast das Herz.
Dieser plötzliche Tod reißt auseinander, was doch zusammengewachsen ist und in das Leben hineingeboren werden wollte.
Er zerreißt die Nabelschnur der Hoffnung, die in so vielen Monaten gewachsen war.
Es war sicherlich nicht immer einfach in der vergangenen Zeit, es gab Komplikationen, Zeiten des statio-

nären Aufenthalts, Zeiten des Bangens und Warten-Müssens, Zeiten, in denen das Leben auf der Kippe stand. Schwer war das, auf schwankenden Planken einen festen Boden unter die Füße zu bekommen. Doch es ging, es ging weiter, Sie sind weitergegangen, konnten sich stabilisieren, gaben einander Halt und Hoffnung. Das Team der Gynäkologie erwies sich zusammen mit den guten Freunden als engmaschiges Netz, das half zu tragen und manchmal auch zu ertragen.
Was Menschenhände tun konnten, was Menschenherzen bewegen konnten, was Medizin sinnvoll ermöglicht hat – all das ist geschehen. Und doch geschah das Schreckliche; mit zitternden Lippen taste ich nach Worten: N. N., wir sind traurig, dass die Kraft für ein Leben mit uns nicht ausgereicht hat. Warum auch immer. Niemand kann das verstehen. Wir sind traurig, denn du warst geboren, um zu leben. Im Labyrinth des Lebens prallen wir vor eine Wand, in der eigentlich eine Tür hätte sein sollen. Und unser Verstehen kommt an diese Grenze, aber nicht unser Lieben. Du wirst immer einen Platz haben im Herzen deiner Eltern, und auch einen guten Platz in den Herzen derer, die hier sind.
Du wirst auch einen bevorzugten Platz im Herzen Gottes haben. Was immer auch dieser Gott mit dir und deinem Leben vor hatte und was sich unseren Vorstellungen entzieht – wir geben dich aus unseren Händen in seine Hände; was wir nicht halten können, was kaum auszuhalten ist, das soll bei Gott gehalten sein. Wenn Wunder gescheh'n können, dann bei ihm.
Wenn wir dich also aus unseren Händen legen müssen, dann sollst du wie ein kleines Samenkorn in die gute Mutter Erde hineingelegt sein. Und durch dich, liebe NN, soll wachsen: Ein neuer Same der Hoffnung, ein neuer Keim von Liebe, ein neuer Anfang von Allem, was Leben bedeutsam, kostbar und einmalig macht. Zeig uns durch dich, wie zerbrechlich und unendlich kostbar das Geschenk des Lebens ist.

Lied Tears in heaven (*Eric Clapton) oder* Schlaft, ihr Kinder dieser Erde (S. 106)

Fürbitten Lasst uns beten. – Gott, menschenklein in unserer Mitte, in dieser Stunde der Trauer bitten wir dich:

- Zwischen Hoffen und Bangen, zwischen Freude und Not war das Leben von N. N. und ihrer Familie. Gehalten, getragen auf den eigenen Händen, lass das leise Vertrauen wachsen: Wenn wir loslassen müssen, lass N. N. in deinen Händen im Himmel geborgen sein.
  Guter Gott, erhöre uns.
- Viele Gefühle sind da; auch widersprüchliche, zwiespältige. Vor einander und vor dir, Gott, brauchen wir uns nicht zu verstecken. Ehrliche und mittragende Menschen lass um die Familie von N. N. sein.
- Mit Erschrecken erleben wir: Nicht nur alte Menschen sterben, sondern auch so viele kleine Menschenkinder. Schenke Trost in Solidarität und Vertrauen allen traurigen Müttern und Vätern und lass die Kinder auf immer bei dir geborgen sein.
- Medizin und Menschen mühen sich um Heil und Heilung. Doch unsere Möglichkeiten stoßen auch an ihre Grenzen. Stärke alle, die sich im ärztlichen und pflegerischen Tun um erkrankte Kinder sorgen in ihrem Mühen um Heilung und Heil.
- Glauben hilf uns, das das Leben von N. N. in dir und in unseren Herzen für immer weiterleben wird. Du naher und in diesem Tod doch auch so ferner.

Gott, stärke in uns diese Ursehnsucht, dass du einmal alle Tränen trocknen wirst und das Heil für immer schenkst durch Jesus Christus, unseren Herrn. Amen.

Lichtritus

Von der Osterkerze nehmen alle das Licht in Form einer Vigilkerze.

Für N. N. entzünden die Eltern (Freundin, Arzt, Diakon) eine selbstgestaltete kleine Osterkerze.
Dazu vorlesen:

Die schwersten Wege
werden alleine gegangen,
die Enttäuschung, der Verlust,
das Opfer,
sind einsam.
Selbst der Tote der jedem Ruf antwortet
und sich keiner Bitte versagt
steht uns nicht bei
und sieht zu
ob wir es vermögen.
Die Hände der Lebenden, die sich ausstrecken
ohne uns zu erreichen
sind wie die Äste der Bäume im Winter.
Alle Vögel schweigen.
Man hört nur den eigenen Schritt
und den Schritt, den der Fuß
noch nicht gegangen ist aber gehen wird.
Stehenbleiben und sich Umdrehen
hilft nicht. Es muss gegangen sein.

Nimm eine Kerze in die Hand
wie in den Katakomben,
das kleine Licht atmet kaum.
Und doch, wenn du lange gegangen bist,
bleibt das Wunder nicht aus,
weil das Wunder immer geschieht,
und weil wir ohne Gnade
nicht leben können:
die Kerze wird hell vom freien Atem des Tags,
du bläst sie lächelnd aus
wenn du in die Sonne trittst
und unter den blühenden Gärten
die Stadt vor dir liegt
und in deinem Haus

dir der Tisch weiß gedeckt ist.
Und die verlierbaren Lebenden
und die unverlierbaren Toten
dir das Brot brechen und den Wein reichen –
und du ihre Stimme wieder hörst
ganz nahe
bei deinem Herzen. *Hilde Domin*

Vaterunser

Gebet

Wir machen uns auf den Weg, Gott;
schweren Herzens, bangen Schritts.
Wir begeben uns auf einen neuen,
unbegangenen Weg, Gott.
Wird er uns tragen?
Werden wir es ertragen?
Trägst du, Gott?
Dabei warst du – von Anfang der Geschichte an.
Und zum Glück liebst du uns, wie dein eigenes Leben.
Du liebst, denn wir sollen sein. Nicht weniger, aber noch viel mehr.
Und der Tod ist nur der Durchgang, nur ein Vorübergang, nur ein Durchzug durch das Rote Meer. Und am Ende erwartest du uns, erwartest du N. N. Und in unserer Erinnerung wird der Weg durch diese Nacht voller Sterne gewesen sein. Amen.

Gang zur Grabstelle / Schmetterlingsgrab

SEHNSUCHT WEISS MEHR

WORT-GOTTES-FEIER IN DER FRIEDHOFSHALLE

Orgelspiel zu Beginn

Segnung des Sarges

Besprengung mit Weihwasser

Zelebrant (vor dem Sarg mit Aspergil oder grünem Buchsbaumzweig):

Mein Herr und mein Gott, das Leben verstehe ich oft nicht. Diese Spanne zwischen Geburt und neuer Geburt, dieses Labyrinth voller Fragen und Ausrufezeichen, dieses Leben zwischen Schlaf und Aufgewecktwerden, zwischen dir und mir.
Auch den Tod verstehe ich nicht, Gott, selbst in der Gegenwart eines Toten nicht. Ich weiß: Auch ich werde sterben – irgendwann, irgendwie. Dein Sohn, Jesus Christus, hat das Leben mit uns geteilt: Er ist auf unseren staubigen Straßen mit uns gegangen; er hat Menschen aufgerichtet und ihnen die Sinne geöffnet für deinen Himmel; er befreite Menschen aus Angst und Enge, aus Kranksein und Todesverfallenheit. Und als er am Kreuz starb, da hast du, Gott, deinen Sohn selbst aus dem Tod geholt in ein Leben bei dir. Auferstehung – Ewiges Leben – Bei-Dir-Sein, Gott: Auch das verstehe ich nicht. Und doch: Ich möchte so gerne hoffen, ich möchte so gerne glauben, ich möchte so gerne vertrauen, ich möchte so gerne leben.

Z (Hinwendung zum Sarg / zur Urne; Hand zum Segen über Sarg/Urne halten):

In der Taufe hat dich Gott einst bei deinem Namen gerufen. Im Strom des Lebens wirst du nicht untergehen.

In der Taufe hat Gott dich tief eingetaucht in das Geheimnis des Lebens: Geboren werden, wachsen und reifen, lieben und geliebt sein, sterben und aufersteh'n.

Segnung mit Weihwasser

Mitten im Tod ruft Gott dich beim Namen: Leben sollst du. Durch die Taufe sollst du auftauchen zum neuen und ewigen Leben in Gott.

Segnung mit Weihwasser

Liedvorschläge Mein Hirt ist Gott, der Herr *oder* Wer unterm Schutz des Höchsten steht, 1.3 *oder* Im Meer der Zeit *oder* Suchen und fragen

Eröffnung/Begrüßung

Vielleicht ist es kein Weggehen
sondern Zurückgehen?
Sind wir nicht unterwegs
mit ungenauem Ziel
und unbekannter Ankunftszeit
mit Heimweh im Gepäck?
Wohin denn
sollten wir gehen
wenn nicht
nach Hause zurück?

Anne Steinwart

Liebe Familie N. N., liebe Verwandte, liebe Schwestern und Brüder,
drei Fragen, die Anne Steinwart in ihrem kleinen Text stellt, die aber nicht wirklich fragen, sondern antworten. Ja, Christen glauben: Im Tod ist das große Heimkehren angesagt, ein Zurückkehren zum Ausgangspunkt, zur Quelle, zum Urgrund des Seins, zu Gott. Es geht mit dir und mir in diesem Leben bisweilen turbulent zu, kreuz und quer, geradeaus und im Schlingerkurs – aber alles ist verwoben in ein Muster, das Heimkehren meint. Der Kreis schließt sich. Hineinverwoben in das Leben von N. N. sind auch Sie. Und es ist gut, dass Sie da sind. Hier an

diesem Ort, um den Menschen ja gerne lieber einen großen Bogen machen. Sie haben ja Anteil am Leben von N. N.; Sie sind ein guter Teil dieses Lebens. Darum nehmen Sie auch Anteil am Tod von N. N. und an ihrer/seiner Auferstehung. Auch Gott hat sich zugesagt für diese Zeit und diesen Ort. Gut, dass auch Gott keinen Bogen macht um diese Kapelle und diesen Friedhof. Ganz im Gegenteil: Er ist sogar im Sterben seines Sohnes mitten hindurchgegangen, hat den Tod durchkreuzt und für alle den Himmel weit aufgetan. – Darum beten wir.

Kyrie-Rufe

Jesus, du Christus Gottes, Wanderer sind wir mit Heimweh im Gepäck. Herr, erbarme dich.
Jesus, du Christus Gottes, deine Anteilnahme an unserem Leben schenkt Grund zur Hoffnung. Christus, erbarme dich.
Jesus, du Christus Gottes, du rufst unsere Verstorbenen in dein österliches Licht. Herr, erbarme dich.

Ich bin von der Erde.
Sie ist meine Mutter.
Sie gebar mich mit Stolz
Sie zog mich auf mit Liebe.
Sie wiegte mich am Abend.
Sie schob den Wind herbei und ließ ihn singen.
Sie errichtete mir ein Haus
aus harmonischen Farben.
Sie nährte mich mit Früchten ihrer Felder.
Sie belohnte mich mit Erinnerung an ihr Lächeln.
Sie bestrafte mich mit
dem Dahinschwinden der Zeit.
Und am Ende
wenn ich mich danach sehne, fortzugehen,
wir sie mich umarmen für alle Ewigkeit.

A. L. Walters

Lied

Meine Zeit steht in deinen Händen *oder* Und ein neuer Morgen

Gebet *nach Psalm 63*

Gott, du mein Gott, dich suche ich
Mit meinem ganzen ausgetrockneten Leben,
mit allem, was ich bin und habe
sehne ich mich nach dir –
so, wie sich trockenes Land nach Regen sehnt.
Darum schaue ich, wo ich dich finden könnte:
Ich suche überall:
In dem, was Menschen heilig nennen, suche ich.
Mit meinen Grenzen suche ich,
aber auch jenseits von Raum und Zeit.
Ich weiß: Du bist, wo ich dich nicht vermute.
Deine Möglichkeiten übersteigen die meinen.
Und das ist gut so.
Denn auch meine Sehnsüchte sind größer als ich:
Sie suchen die absolute Erfüllung.
In allem, was ich erlebe,
ist doch immer etwas zu wenig:
Zu wenig Hoffnung, zu wenig Licht, zu wenig Brot,
zu wenig Himmel, zu wenig DU.
Ganz gleich, ob ich in meinen Träumen
die Grenzen der Nacht durchstoße
Oder mich bei Tag die Flügel
meiner Phantasie davontragen –
Immer rühre ich mit meiner Sehnsucht
An das Geheimnis, das du bist,
dass du bist.
Ja, Gott, ich spüre:
In der Tiefe meiner Sehnsucht
sehne ich mich nach dir.
Nach einem Gott, der sich eilt,
mir entgegen zu kommen.
Bei dir weiß ich mich angenommen;
Geborgen im Schatten Wüsten-Lebens;
Gehalten in meinen Haltlosigkeiten,
getragen von der Tragweite deiner Liebe,
die keine Grenze kennt und den Tod nicht scheut.
Denn in meiner Sehnsucht nach dir,
finde ich deine Sehnsucht nach mir.

Lesung Jes 43,1–5a.7

Ansprache *Bitte ergänzen mit persönlichen Details aus dem Leben des/der Verstorbenen*

Sehnsucht ist das Stichwort. Und es ist so viel mehr als irgendein Wort. Tiefe Bilder von Sehnsucht wurzeln in jedem Menschenherz: Hoch oben auf einem Berg stehen, am Gipfelkreuz, und die Welt tief unter sich lassen; mit nackten Füßen im warmen Sand laufen; eine entspannte Zeit der Ruhe mit Lesen oder Lauschen verbringen; ein gutes Essen an einem schönen Ort in herzlicher Runde oder das herzliche Lachen des Kindes, in dem sich alle Schätze dieser Welt spiegeln. Kleine und große Sehnsüchte nach einem Leben, das sich lohnt, das dir und mir Gutes zuspielt.

„Alles beginnt mit der Sehnsucht“, weiß die Dichterin Nelly Sachs, und dieser Gedanke trifft sich mit der Erkenntnis, es gebe drei Ur-Sehnsüchte in jedem Menschen: nach Heimat, einen Namen zu haben und die Sehnsucht nach Macht.

Heimat zu haben ist für viele direkt nachvollziehbar: Und das bedeutet ja mehr als nur eine Anschrift zugeordnet bekommen, ein Dach über dem Kopf zu haben oder zu wissen, wo der nächste Bäcker ist. Heimat ist dort, wo du hingehörst, wo es dich hinzieht, wo du Wurzeln schlägst – wo du geliebt wirst und lieben kannst.

Eng verbunden ist damit die Sehnsucht, einen Namen zu haben; das bedeutet doch vielmehr: Person zu sein, angesprochen zu werden, genannt, gemeint und gewollt zu sein; identifizierbar, einzigartig und nicht nur irgendeine Nummer oder ein namenloser Winzling im chaotischen Weltenlauf.

Die Sehnsucht, Macht zu haben, mag manche erschrecken. Aber ich will es so verstehen: Macht im Sinne von „etwas machen“, etwas tun, etwas schaffen, kreieren, aufbauen, vermögen, gestalten können; deine und meine Begabungen einsetzen wollen, um etwas in dieser Welt auf die Beine zu stellen; ein Haus, ei-

nen Beruf, eine Familie vielleicht; eine Idee verwirklichen, einen Traum leben.
Im Tod, so sagen mir viele Zeitgenossen, sei das Leben aber endgültig vorbei, passé, abgelaufen, aus der Traum, alle Sehnsüchte geplatzt, alle Hoffnungen begraben.
Menschen, die aus der Hoffnung leben, aus der Liebe handeln und aus dem Glauben tief vertrauen, sehen alles in einem anderen Licht. Da geht nichts verloren, von dem, was du gelebt und geliebt hast in deinem Leben. Da ist alles von Gott her schon längst angeschaut und aufgehoben: Ich habe dich bei deinem Namen gerufen, du bist mein, spricht dieser Gott.
Wer in der Taufe so eingetaucht ist in Gottes unvergessliches Namensgedächtnis, den wird der gleiche Gott mitten im Tod beim Namen rufen.
Wer durch die Gabe der Liebe alles in seiner Macht stehende unternommen hat, dieser Liebe Raum zu geben, dieser Liebe Licht und Farben zu schenken, ein Gesicht und Hände, den macht Gott zu seinem Verbündeten auf ewig.
Wer in diesem Leben Heimat gefunden und geschenkt hat; wer aus seinem Herzen keine Mördergrube, sondern bergendes Zelt gemacht hat, dem wird unser Gott im Tod Tür und Tor öffnen; der wird mit himmlischer Sicherheit eine Wohnung in seiner Herzmitte finden.
Die große Dichterin Nelly Sachs findet diese Worte: „So lass nun unsere Sehnsucht damit anfangen, Dich zu suchen, und lass sie damit enden, Dich gefunden zu haben."

Fürbitten

Lasst uns beten. – Gott, auch mitten im Tod sind wir von deinem Leben umfangen. Von dieser Hoffnung getragen, bitten wir dich:

- Der Tod von N.N. schmerzt und wir vermissen sie/ihn. Doch wen du liebst, Gott, den schützt du. Schütze, trage und vollende das Leben von N.N.

Liedruf Meine Hoffnung und meine Freude, meine Stärke mein Licht, Christus, meine Zuversicht auf dich vertrau ich und fürcht' mich nicht. *(Taizé)*

- Mit Namen und Lebensgeschichte sind wir einzigartig. Sprich N. N. bei ihrem/seinem Namen an und lass ihre/seine Ohren hören, was noch kein Ohr gehört hat: Das Wort, in dem du dich selber aussprichst. – *Liedruf*
- Schenke du allen Menschen in helfenden Berufen segensreiche Hände, damit unsere Welt durch sie gesegnet wird. – *Liedruf*
- Gib Kraft aus deiner Kraft allen, die in ihrer Not und Angst, in ihrem Schmerz und ihrer Hilflosigkeit an diesem Leben zu zerbrechen drohen. Lass sie in intensiven Momenten deine Gegenwart spüren. – *Liedruf*
- Nimm unsere besten Gedanken und Gebete für unsere Verstorbenen Familienangehörige, Freunde und Weggefährten an, damit wir sie freigeben für ein Leben in Fülle bei dir. – *Liedruf*

Gott unserer Hoffnung, Gott unserer Sehnsucht, Gott unserer Fragen und Unsicherheiten.
Dir hilf uns zu trauen und neue Wege zu gehen; heute und einmal in Ewigkeit. Amen.

Wechselgebet

Führe uns ins Leben, Herr
V Aus mancher Angst und Enge –
A Führe uns ins Leben, Herr.
V Aus der Traurigkeit, die uns noch hält –
Aus der Sorge um die Zukunft –
Durch manche Umwege –
Aus dem Schmerz dieses Abschieds –
Im Fluss der Tränen –
Mit einer neuen Hoffnung –
Mit Menschen, die uns guttun –
Mit Kraft aus deiner Kraft –

Mit allen, die an dich glauben –
Durch Jesus Christus und mit ihm –
Mit all unseren Verstorbenen –

Vaterunser

Gedanke Du bist nicht tot, sondern nur untergegangen wie die Sonne.
Wir trauern nicht um eine/n, die/der gestorben ist, sondern über eine/n, die/der sich vor uns verborgen hat. Nicht unter den Toten suchen wir dich, sondern unter den Seligen des Himmel. *Theodoret von Cyrus*

Schlussgebet Unbegreiflicher Gott, der Tod eines Menschen, den wir kennen, schätzen und lieben, bleibt bitter und dunkel. Wir verstehen oft die Wege nicht, die du mit uns gehst. Wir können das Ziel nicht erkennen. Dass du deinen Sohn Jesus von Nazaret als Weg und Wahrheit uns geschenkt hast, dass er Menschenwege gegangen ist und uns bis zum Tod am Kreuz geliebt hat, kann uns Mut machen zu glauben, dass du selbst im Tod nicht von unserer Seite weichst, sondern viel mehr unsere Verstorbenen auf die neue Seite des Lebens holst: Hinein in dein Osterlicht, getragen von deiner Liebe zu uns, und unserer ewigen Sehnsucht nach dir.
So legen wir N. N. vertrauensvoll in deine Hände zurück durch Christus, unseren Herrn. Amen.

Lied Von guten Mächten *oder* Liebe ist nicht nur ein Wort

Gang zum Grab/Verabschiedung

BRÜCKE ZU GOTT

TOTENGEBET

Kreuzzeichen

Einführung

In dieser Stunde, in der wir um einen Menschen trauern, der uns verlassen hat, schauen wir auf zu Gott. Ohnmächtig stehen wir vor der Macht des Todes. Wir wollen Gott, den Herrn über Leben und Tod, bitten, dass er unsere(n) Verstorbene(n) aufnehme in seinen ewigen Frieden. Wir wollen ihn bitten, dass er den Angehörigen Trost spende. Im Glauben an die Auferstehung Jesu Christi, in der Hoffnung auf ein Wiedersehen und in der Liebe, die wir im Herzen bewahren, wird die Endgültigkeit des Abschieds aufgehoben.
Wo der Tod uns trennt, baut die Liebe eine Brücke: die Brücke des Gebets.

Lied

Von guten Mächten wunderbar geborgen, 1–2
gesungen oder gesprochen

Meditation

Hinweis für SprecherIn: Den Text bitte ruhig und betont vorlesen, angegebene Stillephasen zum besseren Verständnis unbedingt einhalten.

Einmal stand ich vor einer Holzbrücke,
die sich malerisch über ein Flüsschen wölbte
und sich mit ihrem sanften Bogen
im dunklen Wasser spiegelte.
Ich wollte nicht auf die andere Seite,
doch die Brücke reizte zum Hinübergehen,
einfach so,
und zum Herüberkommmen,
einfach so.

Stille

Auch jetzt stehen wir vor einer Brücke.
Die andere Seite drüben macht uns Angst,
doch die Brücke verbindet uns mit ihr.
Diese Brücke nennen wir:
die Trauer.
Auch die Trauer ist ein Gang über die Brücke:
hinüber und herüber –
hinüber dorthin, wohin der andere uns vorausging,
herüber, wo wir mit ihm waren
all die Jahre unseres gemeinsamen Lebens.

Stille

Wir spüren schmerzhaft:
Etwas ist abgerissen.
Die Erinnerung fügt es zusammen, immer wieder.
Wir merken:
Etwas ist für immer verloren gegangen.
In der Erinnerung ist es wieder da.

Wir erfahren:
Etwas von uns selbst ist weggegangen.
In der Erinnerung kommt es wieder zurück.
So müssen wir über die Brücke der Trauer gehen,
in Gedanken hin- und herwandern,
hinübergehen und herüberkommen lassen,
immer wieder,
immer wieder.

Stille

Wissen wir denn,
ob die Toten es nicht empfinden,
wenn wir zu ihnen hinüberdenken?
Sind sie nicht dann mit uns herüben verbunden?
So wollen wir mit Liebe an sie denken,
bei aller Trauer auch in Freude
und in Dankbarkeit.
Schicken wir unsere Gebete hinüber,
für sie und alle, die schon drüben sind.
Lassen wir sie hinter der Brücke
ihren Weg gehen –
und hoffen wir, diesen Weg einst selbst zu finden,
wenn auch wir hinübergehen.

Nach einem Text von Jörg Zink,

Stille

Lied Von guten Mächten, 3–4

Psalmgebet *aus Ps 86; evtl. abwechselnd beten*

Kehrvers Selig, die bei dir wohnen, Herr, die dich suchen allezeit.

Wohl denen, die wohnen in deinem Haus, *
die dich allezeit loben.
Wohl den Menschen, die Kraft finden in dir, *
wenn sie sich zur Wallfahrt rüsten.
Ziehen sie durch das trostlose Tal, *
wird es für sie zum Quellgrund / und Frühregen hüllt es in Segen.

Sie schreiten dahin mit wachsender Kraft; *
dann schauen sie Gott auf dem Zion.
Denn ein einziger Tag in den Vorhöfen deines Heiligtums *
ist besser als tausend andere.
Lieber an der Schwelle stehen im Haus meines Gottes *
als wohnen in den Zelten der Frevler.
Denn Gott der Herr ist Sonne und Schild. *
Er schenkt Gnade und Herrlichkeit;
der Herr versagt denen, die rechtschaffen sind, keine Gabe. *
Herr der Heerscharen, wohl dem, der dir vertraut!

Kehrvers

Vaterunser Gott, du bist unser guter Vater, zu dem wir beten dürfen, wie es uns dein Sohn gelehrt hat:
Vater unser …

Mariengruß Und Maria, die Jesus uns zur Mutter gegeben hat, wollen wir um ihre Fürsprache bitten:
Gegrüßet seist du, Maria …

Gebet Wir danken dir, Herr Gott, für diesen Menschen, der so nahe und kostbar war und der nun entrissen ist aus unserer Mitte. Wir danken dir für alle Freundschaft, die von ihm ausgegangen, für allen Frieden, den er gebracht hat; wir danken dir, dass er durch sein Leiden Gehorsam gelernt hat und dass er bei aller Unvollkommenheit ein liebenswerter Mensch geworden ist. Wir bitten dich, Herr, dass wir alle, die mit ihm verbunden sind, jetzt auch, gerade wegen seines Todes, tiefer miteinander verbunden seien. Und auf Erden mögen wir gemeinsam in Frieden und Freundschaft deine Verheißung erkennen: Auch im Tod bist du treu.

V Herr, gib ihm (ihr) die ewige Ruhe.
A Und das ewige Licht leuchte ihm (ihr).
V Herr, lass ihn (sie) ruhen in Frieden.
A Amen.

Segen Es segne uns der Vater, der uns erschaffen hat.
Es behüte uns der Sohn, der für uns am Kreuz gelitten hat.
Es erleuchte uns der Heilige Geist, der in uns lebt und wirkt.
So segne uns der dreifaltige Gott: der Vater …

A Amen.

Lied Von guten Mächten, 5–6

nach einer Vorlage aus Liturgie konkret 2/2008

ANSPRACHEN
AN-REDEN UND AUS-SPRACHEN
TRAUERANSPRACHEN

DER WEG

TRAUERANSPRACHE MIT DEM LIED „DER WEG" (HERBERT GRÖNEMEYER)

○ Text: Herbert Grönemeyer, Der Weg – *Bezugshinweis: S. 109*

Wege, Um- und Irrwege, gerade und krumme Strecken, Kreuzungen und Abbiegungen, Wege ins Leben, Wege ins Nichts, Wege zum Glück, Sackgassen, Startbahnen. Herbert Grönemeyers Weg-Lied hat Willi auf eine ganz besondere Art und Weise geliebt. Dieses nachdenkliche, melancholische Lied hatte es ihm angetan. Es singt von Gemeinschaft in Freude und Leid, von der Lust am Leben und von seinen Schrammen. Große und kleine Bilder deines und meines Lebens, wie sie auch bei Willi aufgeblitzt sind: Sein Arbeitsleben als Beamter war das eine – das ganze andere Bild zeichnete Willi von sich, wenn er Zuhause war: vital und ganz in seinem Element. Auf in die Natur, auf den Trecker, zu den Tieren – und immer schön zusehen, dass alles „propper" war, wie er es so gerne benannte: Der Hof fein gefegt, wenn der Besuch anrückte, den Rasen stutzen, alles an Ort und Stelle beheimaten – und auch, wenn man (oder frau) Willi noch so sehr mit seiner Ordnungsliebe provozierte: Er blieb ruhig und gelassen. So schnell konnte ihn nichts und niemand aus der Bahn werfen. Ein echter Münsterländer eben, durch und durch. Dabei hatte sich das Leben einiges ausgedacht, das ihn hätte aus der Spur bringen können: Mehrere Unfälle, lange Zeiten der Bettruhe – und die Sache mit dem Auge. Er aber nahm's halt, wie es kam. Rückwärts kannst du dein Leben doch nicht mehr ändern, wohl aber vorwärts. Also vorwärts, weiter! Es gibt neue Herausforderungen und noch genügend Lust am Leben: Im Kegelclub wurde keine ruhige Kugel geschoben; da sind gute Freunde, da konnte Willi eines seiner Talente zeigen. Und er war richtig gut. Und der Fußball – natürlich. „Stefan, hol die Fahne raus!" Blau-Weiß flattert sie gegen den gleichfarbigen Himmel gleich vorne an der Hofzufahrt. Der passende Fan-Schal wird um den Fahrersitz im kleinen Smart geschwungen – und los geht's. Straße frei für die Sieger. Und dann wieder ganz andere Wege: Komm, lass uns einfach mal mit dem Fahrrad durch die Felder fahren und schauen: Wie der Mais steht, wie weit der Weizen ist, wann Erntetag ist, wann die Blätter fallen ... So viel Zeit ist ja nicht drin, wenn Hof und Tiere zu versorgen sind und Urlaub ein Fremdwort bleibt. Und überhaupt: Warum in die Ferne schweifen? Alles, was Willi liebte, war doch da – ganz nah: die Familie, die Kinder, die Natur, die Freunde und besonders auch der gleichnamige Freund Willi vom nachbarlichen Hof.

Aber dann kommt's: Quasi als Vollsperrung bricht die Diagnose wie aus trügerischem Himmel mitten auf eurem Weg ein. Ein Schock. Vollbremsung aus voller Fahrt in den Stand. Erst mal aussteigen. Luft holen. Tief ein- und ausatmen. Sich neu sortieren und orientieren. Wie offen Willi mit dem Thema umgeht, das hat dann doch manche von euch und Ihnen erstaunt. Wieder einmal schaut er nach vorn, lebt nach vorn, glaubt nach vorn. Und die Therapien greifen, es geht ihm gut. Jetzt doch mal Urlaub machen unter südlicher Sonne; die Freunde zu gemeinsamen Ausflügen begeistern. Die Zeit auskosten, den Tag pflücken. Niemand weiß um die Zeitspanne, die einem zwischen Geburt und Geburt geschenkt ist. Willi auch nicht. Aber er nimmt sie als Geschenk. Und das allergrößte Geschenk sind die Menschen, die ihn als Weggefährten, als Kumpel und Freunde, als professionelle Helferinnen und Mediziner begleiten und ihm Halt sind in unwegsamem Gelände. Sie sind alle da. Vor Ort. Wohl dosiert. Hilfreiche Nähe, notwendige Distanz: sprechen, erzählen, lachen, schweigen, weinen; halten mit Haltung, Angebote ohne klammernde Angst. Bis der Augenblick kommt: Jetzt darfst du gehen. Wir lassen dich. „Es war ein Stück vom Himmel, dass es dich gibt!" So ein Stück Himmel lebt in jedem Menschen, doch zeigt es sich manchmal erst, wenn bestimmte Wetterkonstellationen zusammenfallen. Gut zugehört habe ich, als wir miteinander die Wege der Straßenkarte des letzten Jahres nachgefahren sind. Und ich erlaube mir – als Beifahrer für dies kleine Strecke, die ihr mich mitgenommen habt – euch zu sagen: Ihr habt das gut gemacht. Es ist ein Stück Himmel, dass es euch gibt. Willi, mach dich auf den Weg. Die Fahne flattert im Wind, die Sonne steht schon tief, das Korn ist reif zur Ernte. Gott kommt. Du wirst ihn sehen.

Das Spiel ist abgepfiffen. Die reguläre Zeit abgelaufen. Doch Gott ist ein fairer Schiedsrichter. Und mit ihm gibt es für dich eine Verlängerung, die in Ewigkeit nicht endet.

UM GOTTES WILLEN

ZUM TOD EINER ÄLTEREN ORDENSFRAU

Evangelium Lk 1,39–56

„Wenn Gott mich holen will –
lasst mich bitte in Ruhe sterben.
Legt mich bitte nicht an Schläuche und Apparate.
Ich möchte sterben, wann Gott es will –
ich habe keine Angst vor dem Sterben."

Liebe Mitschwestern, liebe Verwandte, liebe Mitarbeiterinnen und Mitarbeiter, liebe Patienten,

so etwas muss man erst einmal schreiben können. So etwas muss man erst einmal schwarz auf weiß aufs Papier bringen – und mit seinem eigenen Herzblut unterschreiben.

Wer so etwas schreiben kann, weiß, wovon er spricht.

Wer so etwas schreiben kann, weiß, was er glaubt und was ihn erwartet.

Wer so etwas glaubt, weiß sich ganz von Gott gerufen; weiß sich ganz von Gottes Geist beatmet, weiß sich ganz von Gott geliebt.

Nur Liebende wissen das – nur Geliebte glauben das.

Und genauso sollte es sich ja auch ereignen: Gerade noch beim Frühstück, einen leichten Druck auf der Brust verspürend, begibt sich N. N. auf ihr Zimmer, um sich dort in den Sessel zu setzen. Das Radio noch in ihrem Schoß, der Morgenandacht lauschend, ruft Gott sie bei ihrem Namen. Ganz ohne Schläuche, ganz ohne Apparate. Ganz in ihrem Sinne. Ganz einfach. Einfach schön. Man könnte fast neidisch werden.

Und es ist ja auch nicht irgendein Tag, an dem das geschieht: Es ist Montag, der 15. August – Hochfest der Aufnahme Mariens in den Himmel.

Und – ganz ehrlich gesagt – kein anderer Tag wäre für N. N. angemessener gewesen, um in den Himmel zu gehen – als genau dieser!

Immer war sie in besonderer Weise der Gottesmutter Maria zugeneigt. Der Königin der Apostel, der Fürstin der Welt, der Botin des Friedens, der Siegerin im Kampf gegen das Böse – Maria: Ihr galt ihre Liebe, ihr Gebet, ihre Leidenschaft. Mystisch und bisweilen mysteriös, tief fromm und tief bewegt, konnte sie erzählen von Gut und Böse, vom Widersacher des Glaubens und von der über alles triumphierenden Kraft, den der Glaube und die Liebe der Gottesmutter schenkt. Mit Maria konnte sie das Leben lieben, das schön und auch hart ist.

Dienendes Apostolat am Nächsten und die alles ermöglichende Kraft des Gebetes – das waren die beiden tiefen Quellen für N. N.

Und immer wieder ihre große Dankbarkeit. Wie oft kam sie nach den Gottesdiensten an der Sakristei vorbei: „ Ich bin ja so dankbar, so dankbar für alles. Und wir müssen beten für so vieles und so viele. Vor allem für die Kranken und Leidenden …"

Dabei war sie ja selbst auch eine von ihnen. Doch sie hat nie geklagt oder gejammert. „Mir geht es so gut hier. Ich bin so dankbar …"

Dankbarkeit. Für alles: Ein gutes Wort, ein liebevoller Dienst, eine Hilfe, fürs Zuhören, fürs Mitbeten und Mitdenken.

„Selig ist die, die geglaubt hat, dass sich erfüllt, was der Herr ihr sagen ließ." Dieser Satz aus dem Evangelium zum Hochfest der Aufnahme Mariens in den Himmel ist der Gottesmutter zugesagt. Aber das ist auch N. N. zugesagt:

Christus und Maria, die mit Leib und Seele in den Himmel aufgenommen ist, folgt auch N. N. nach. Mit Leib und Seele, das heißt: Nicht nur mit unserem letzten Augenblick kommen wir vor Gott, sondern mit unserer ganzen leiblich-körperlich-seelischen Geschichte.

Und es ist eine herzlich, gütige, dankbare und zufriedene Lebens- und Liebesgeschichte, die N. N. mit vor Gottes Angesicht bringt. –

Das Radio war für die Morgenandacht auf Empfang gestellt.

Aber das war nicht mehr nötig.

Jetzt hat Gott sie höchstpersönlich in Empfang und in die Herrlichkeit seines Himmels aufgenommen.

Selig ist, wer glaubt, dass sich erfüllt, was Gott uns allen verheißen hat.

MENSCH, BERND!

JUNGER FAMILIENVATER (37 JAHRE ALT, UNFALLTOD)

Lesung Jes 43,1–7

Liebe Melanie,
„Ich fahr noch mal eben los …"

Ein Alltagssatz bekommt in jener Sonntagnacht eine schreckliche Wendung …

Als die Uhr immer weiter in die Nacht hineintickt und ahnungsdunkle Sorgenwolken aufziehen, klingelt es auch schon an der Tür und in deinem Ohr.

Bernd ist verunglückt – tödlich!

Taumelnd, wie in einem grotesken Alptraum, möchte man sofort aufwachen – und alles wäre nicht wahr.

Doch die Unfallstelle zeigt unbarmherzig die bittere Realität.

Mensch, Bernd; Bernd!

Im Oktober hast du doch erst noch deinen 38. Geburtstag zu feiern!

Es gibt noch so viel zu tun – ein ganzes Leben.

Deine Tage waren immer voll. Beine hochlegen – das war nicht dein Ding. Was tun, was schaffen, was erreichen – für deine Familie, für Haus und Hof.

Als Maurer bei der Firma W. mit deinen Kollegen, aber auch immer wieder auf deinem, auf eurem Hof. Das Erbe von Vater weiterführen – das war deins: ausbauen, die Räume schön ausgestalten, mauern und verfugen, eine Heimat bauen: dein Zuhause. Auch für die Tiere: Schweine, Ziegen, Hühner – mehr als ein Hobby.

Und spielen mit den Kindern und Heu wenden und Treckerfahren mit dem großen Blauen. Mit Till und Pia und Melanie.

Und aushelfen bei den Nachbarn, bei Kollegen und Freunden – das war für dich selbstverständlich; und das Leben feiern und die Kugel am Laufen halten zusammen mit deinen Kegelfreunden.

Und mal ein paar Tage Urlaub abknapsen – das geht nur weg von Haus und Hof.

Und das Bild, das wir gemeinsam anschauen, zeigt dich strahlend, lachend, braun gebrannt vor einem blauen, endlos weiten Himmel.

Mensch, Bernd, du fehlst!

Manchmal gibt es ja in einem so eine Ahnung, eine Intuition, ein Bauchgefühl; manchmal kann man nicht eins und eins zusammenzählen, aber ahnt tiefer, wie die Gleichung des Lebens ausgeht.

Manchmal fügen sich Dinge sonderbar zusammen, und man fragt sich im Nachhinein, wie das sein kann ... Vielleicht stehen die sichtbaren Ereignisse dieses Lebens doch noch einmal in einem anderen, größeren, umfassenderen, unsichtbaren Zusammenhang, und wir erkennen tatsächlich erst im Rückspiegel, das alles ein Muster ergibt.

Da fällt z. B. noch in jener aufgeschreckten Nacht Dir, Melanie, ein Spruch in die Hände:

„Wenn Liebe einen Weg zum Himmel fände und Erinnerungen Stufen wären, dann würden wir hinaufsteigen, um dich zu uns zurückzuholen."

Als wär's für Bernd geschrieben – für diese Schreckensnacht liegt's auf einmal da auf dem kleinen Tisch im Wohnzimmer: Mensch, Bernd, wir würden dich alle so gern zurückholen. Und an Liebe und Erinnerungen fehlt es nicht; wir würden auch den Himmel bestürmen – aber wird können's nicht. Du fehlst – an jeder Ecke. Das tut richtig weh.

Loslassen – das einzige, was wir können und was wir müssen. Und hoffen, dass es dort, wo du jetzt bist, gut ist; dass es dir dort gut geht; dass Gott dir gut ist.

Du bist nicht weg, sondern nur „nebenan", auf der anderen Seite des Weges. Mehr zuzulassen, geht momentan nicht.

Mensch, Bernd.

DAS LEERE BLATT

ZUM TOD EINER KÜNSTLERIN

Lesung Offb 20,11–12a; 21,1–7

Es liegt im Schatten unter Bäumen
Das Haus, in dem ich wohnen werde.
Ein schönes Haus, ein Haus zum Träumen.
Mein stilles Haus aus schwarzer Erde.

F. Wittkamp

Ein Haus, in dem ich wohnen werde. Ein Haus zum Träumen.

Da geht der Blick weit hinaus nach vorne. Ein Lebenshaus über dieses Leben hinaus.

Richtfest: Mitten im Tod – gegen den Tod.

Ein Lebenshaus für alle Zeiten und Ewigkeiten.

Daran wird schon zu Lebzeiten gebaut: Hand in Hand.

Darin du wohnst und selbst Wohnung bist.

Nicht aus Steinen wird es gebaut, sondern aus Beziehungen, aus Wort und Tat, aus Liebe und Lachen, aus Schmerz und Wahrhaftigkeit, aus lichten Wolken und schwarzer Erde.

Rot kann es leuchten – wie jenes in der Weidenstraße oder leuchtend weiß wie dieses eine zuletzt an der Hauptstraße.

Und du bist das Haus auch, und auch die Tür und das Fenster zum Himmel.

Erfülltes Leben füllt das Haus, in dem Marita F. wohnte.

Ernsthaftigkeit und Arbeit, Gedenken und Gedanken.

Und jene achtundachtzig Birken im angrenzenden Gartenbereich sind ihr Anteil auch an diesem Haus. Ein Hain voller Geschichten und melancholischer Dialoge; beinahe jede Birke könnte ein Jahr voller Geschichten aus dem Leben von Marita F. erzählen.

Das ist wichtig, wenn später – in Zeiten der Krankheit – die Welt sich verändert; wenn Jahr, Woche und Tag sich drehen, immer schneller, und du merkst, wie die Kraft ausläuft und du nicht mehr ganz mitkommst.

„Was ist heute für ein Tag?“ – „Heute ist Dienstag, Mutter.“

„Dienstag – Dienstag“ – ihr Ruf erfüllt das ganze Haus mit leichtem Zittern; erfüllt sie selbst aber mit neuer Sicherheit: Dienstag. Zeitansage für das ganze Haus. Damit du’s auch nicht vergisst. Es ist nicht gleich gültig, auch wenn der Tagesablauf noch so gleich und gültig wirkt. Oben im Haus, im Zimmer mit dem Holztisch und dem Holzboden ist Zeit für die Nachrichten. Da wirst du schon erwartet; da sitzt schon einer und winkt, mit großer Gebärde – und du winkst kokett zurück. Und ein Glas ist dir bereitet. Mit Wein gefüllt – übervoll bis zum Rand. Leben – reich gefüllt, randvoll – und du darfst trinken: dir und anderen zur Freude.

Zum Wein das Brot – dein Mahl am Abend. Ein Abendmahl der ganz besonderen Art – ganz unvermutet!

Und die kleinen Tagebücher der Mutter. Vollgeschrieben mit Lebensnotizen, auch vom Tod, an den du schon dachtest und dabei ein Wort des heiligen Augustinus erinnertest: „Seid nicht traurig, wenn ich gehen muss. Seid dankbar, dass ihr mich gehabt habt.“

Später dann werden die Notizen dünner. Ein, zwei Worte, die sich den Weg aus dem Traumnebel in das Hier und Heute bahnen. Essen, Trinken, Besuch.

Jede Seite hat ihren Tag.

Auch die letzte Woche.

Bis hin zum Freitag, dem 22. August.

Der Tag, an dem du das weiße Haus mit seinen Bildern und Kunstwerken, mit seinen Birken und der Alpenrose verlässt.

Erstaunt bemerke ich, als ich das Buch zur Hand nehmen darf, dass der nächste Tag, der Samstag, nicht auf der folgenden Seite, sondern erst auf der übernächsten eingetragen ist. Dazwischen – ein leerer Raum, ein scheinbar leeres Blatt.

Scheinbar.

Doch – da durchzuckt mich ein Blitzgedanke. Mir ist, als habe auf dem leeren Blatt ein Anderer die Lebensnotizen fortgeschrieben.

Ich glaub ganz fest – und kann den Grund, auf dem ich stehe, nicht benennen – dass Gott mit leuchtend gold’ner Tinte ein Wort für dich hineingeschrieben hat.

Ein Wort, das du jetzt lesend leben darfst:

Auferstehung.

BRUCHSTÜCK

HEINZ B. (71 JAHRE, SUIZID)

Lesung Kor 13,1–3.8–13

Liebe Frau B.,
liebe Geschwister von Heinz mit Ihren Familien,
liebe Verwandte und Angehörige,
Bekannte, Freunde, Nachbarn und Nachbarinnen.

Manchmal steht man vor Dingen, die kann man nicht begreifen.

Manchmal ist man einfach fassungslos.

Manchmal stürzt in einem Augenblick alles in sich zusammen.

Manchmal ragt aus dem Scherbenhaufen allein nur noch eine Frage heraus: Warum?

Ich versteh's nicht!

„Ich versteh's nicht!", haben viele spontan gesagt, als sie vom plötzlichen Tod von Heinz B. hörten.

„Ich versteh's nicht. Wieso hat er das getan? Das passt doch gar nicht zum Heinz!"

Kein Tod „passt" zum Leben: kein freier, kein gewaltsamer, kein stiller. Tod ist immer Feind, Störenfried, Dieb, Räuber; schreckliche Wirklichkeit.

„Das passt doch gar nicht zum Heinz!"

Bilder von einem Menschen: Wie Sie ihn erlebt haben, wie Sie ihn kennengelernt haben …

Heinz, der Bruder, der Schwager, der Familienmensch und Heinz, der Einzelgänger.

Heinz, der Hilfsbereite, der Nachbar, der Kollege, der Kumpel.

Heinz, der städtische Begleiter bei Beerdigungen, der „Konduktgänger", wie man das offiziell nennt, und den durch diese Tätigkeit viele kannten.

Heinz, der sich sorgt, der pflegt, der einkauft

Heinz, der Gesprächige, im Kontakt mit vielen; Reden über Gott und die Welt.

Heinz, der so markant lachen konnte; mit seinem ganz eigenen Humor.

Heinz, wie man ihn kennt.

Heinz, wie Sie ihnen kennen. –

Aber auch dies:

Heinz mit seiner eigenen Lebensgeschichte, mit Vertreibung und Flucht; mit nichts als einer Tasche als Habseligkeit; in einer Zeit, wo Kinder nicht Kinder sein konnten und Halbwüchsige als Kanonenfutter starben.

Schwierige, dunkle Zeiten; das Allernötigste retten im Überlebenskampf; Hunger und Frieren; irgendwo untergebracht werden bei Leuten, von denen man noch nicht weiß, ob sie einem Freund oder Feind werden.

Sich durchbeißen, durchkämpfen. –

Aber auch dies: Ein wenig Glück erfahren; manche Sternstunde; Erfolg der harten Arbeit; das Geschenk einer späten Liebe.

Bilder vom Menschen.

Immer auch unvollendet, fragmentarisch.

Man glaubt zu kennen – und sieht doch nur Teile, nie das Ganze. Seiten, die ich Dir zeigen will. Andere nicht.

Ich will nicht soweit gehen zu sagen, dass wir Menschen einander immer Fremde bleiben; aber doch oft befremdlich; immer aber füreinander: Ein Geheimnis.

Das gilt es auch zu respektieren und zu akzeptieren.

Ein Geheimnis kann und darf man nicht wie ein Rätsel lösen oder gar knacken. Dann erntet man nur Widerstand.

Ob ich's wahrhaben will oder nicht:

Es bleiben doch oft mehr Fragen, als ich dachte, mehr Rätsel, als ich wünschte, mehr Enttäuschungen, als ich glaubte. –

Aber dies bleibt auch:

Der Dank für viele gute gemeinsame Stunden mit einem Menschen wie Heinz B.; der Dank für viel Lachen und Hilfsbereitschaft; für unzählige gute Begegnungen, Gespräch, Geselligkeit.

Und es bleibt in allem Auf und Ab der Gedanken und Gefühle die schmerzliche Erkenntnis: Du fehlst!

Auch wenn unser Erkennen oft nur Stückwerk ist – ich bin mir sicher: Gott kennt dich. Er schaut dich so, wie du bist.

Im Geheimnis von Tod und Auferstehung, das wir in dieser Karwoche besonders feiern, ist Heinz B. schon in das klare Licht von Ostern eingetreten. Und damit ist er uns klar einen Schritt voraus.

KEIN MÄRCHEN

REGINA L. (62 JAHRE)

Schriftlesung Mt 20,1–16

Liebe Familie K.!
Der Text des Evangeliums, den ich gerade vorgelesen habe, wirkt kantig und unbequem. Er stellt sich quer zu gängigen, typisch menschlichen Erwartungen. Wider Erwarten bekommen alle den gleichen Lohn, obwohl sie ungleich lange gearbeitet haben. Ist das nicht ungerecht?

Aber umgekehrt: War nicht abgemacht, dass jeder den gleichen Lohn von einem Denar bekommen soll? Hat nicht jeder bekommen, was der Gutsherr mit ihm vereinbart hatte? Mit dem Himmelreich soll es, so sagt der biblische Abschnitt, genauso sein.

Und der Gutsherr steht für eine ganz andere Form von Gerechtigkeit, die himmlische Qualität hat, weil sie von Gott her kommt.

In Schieflage gerät Leben, wenn du anfängst zu vergleichen, ob Dir mehr zusteht als dem Anderen; wenn du anfängst zu klagen, dass du mit deinem Leben zu kurz gekommen bist. -Solch ein Denken war Regina L., so glaube ich, so habe ich es von Ihnen als Familie gehört, zutiefst fremd. Ihr ging es vor allem ums das Leben, um den Nächsten und den Allernächsten in Not; um eine Beziehung in Liebe ging es ihr; um ihre Familie; und – in allem – um aufrichtige Gerechtigkeit.

Wenn ich mir ihre Lebenslinien, ihr Suchen und Ringen, von denen Sie mir als Familie erzählt haben, vor Augen führe; die sozialpädagogische Ausbildung, die Arbeit in Kinderheim, Diakonie, Jugendarbeit, Beratungsstellen; in der Betreuung sozial schwacher Mitbürger; in der Sorge um Asylbewerber und Migranten und in der Schule, meine ich ganz deutlich ihren Herzschlag zu hören; sehe sie vor mir, wie sie sich müht um Menschen am Rande; wie sie ringt mit Ämtern und Behörden um ein wenig mehr Menschlichkeit und Lebensraum; wie sie Kindern nicht irgendetwas gibt, sondern ihr Herz verschenkt. Jeder soll bekommen, was ihm zusteht und was Gott für ihn bereithält.

Ich weiß es nicht genau, aber ich ahne, dass ihre Frage nicht zuerst war: Was steht mir zu?, sondern: Was brauchst du? – und: Was kann ich dir an Leben, an Beziehung, an Raum schenken?

Gerechtigkeit ist mehr als Gleichmacherei. Es ist die himmlische Sorge, dass jeder genau das bekommt, was er braucht und ihm von Gott her zugedacht ist. Von dieser Idee war sie beseelt, beflügelt, besorgt.

Von daher empfinde ich es nicht überraschend, dass das Buch über das Märchen „Frau Holle" das einzige war, das sie in ihrer schweren Zeit in ihrer Nähe halten wollte:

Das Gute, oft in dieser Welt missachtet, belächelt, bekämpft und bedroht, wird in Frau Holles jenseitiger Welt erkannt und vergoldet. Ob sie sich vielleicht auch selbst noch einmal wiederentdeckt hat, wie sie als kleines Mädchen, als gereifte Frau über die Blumenwiese lief und hüpfte. Jene grüne, gelbe, rote, prallbunte Schöpfung, die sie so sehr genoss und liebte: das Grün der Wiesen, den Duft der Rosen, das Blau tiefer Seen, die luftige Weite des Himmels.

Einatmen und ausatmen. Empfangen und geben. Gabe und Aufgabe. Säen und ernten wollen. Das ist auch ein Teil von ihr.

Die Früchte auch der Mühe ernten wollen.

Die Kinder erleben dürfen, wie sie wachsen und reifen.

Wie die Saat aufgeht und darin auch ein Teil von ihr.

Eine Familie, die wirklich eine ist und sich nicht nur so nennt, und die ein Netz knüpft, das trägt. Wer trägt, der wird getragen.

Gerade in der Zeit ihrer Krankheit zeigt sich das.

Ringen und hoffen, kämpfen und lassen.

Und zulassen, dass jetzt andere mich tragen; und dass die Zusagen halten; und dass auch ein Gott mich hält und mich niemals fallen lässt aus seiner ein für allemal zugesagten Liebe.

„Du wolltest gerne noch bei uns sein. Schwer ist der Schmerz zu tragen; ohne dich wird vieles anders sein."

Ja, anders; doch bleibst du dieselbe, so wie wir dich kennen, und immer wieder erkennen;

und auch wir bleiben dieselben; so wie du uns kennst und immer wieder neu erkennst.

Was wäre das für eine tiefe Erkenntnis, was für eine Frucht des Lebens, was für eine neue Hoffnung, wenn wir glauben könnten: Du bist nicht weit weg – nur auf der anderen Seite des Weges; auf der anderen Seite der Blumenwiese; an der Seite Gottes – und damit immer auch an unserer Seite.

DURCH DIE NACHT

TRAUERANSPRACHE MIT DEM LIED „ICH DREH MICH UM DICH" (HERBERT GRÖNEMEYER)

Lesung Joh 21,1–14

○ Text: Herbert Grönemeyer, Ich dreh mich um dich – *Bezugshinweis: S. 109*

Und wenn der Tod in's Leben einbricht wie ein Dieb bei Tag, aber immer unerwartet, immer ungeplant; und wenn du dann plötzlich da stehst, verloren, angeritzt, geplündert; mit Herzblut und Tränen und mit nichts in den Händen; ohnmächtig laufen dir deine Gefühle davon, übermächtig sind deine Fragen: Wie konnte das passieren? Haben wir mit ihr nicht noch neulich gesprochen, bei ihr gesessen, mit ihr das Leben durcherzählt, alte Pläne aufgedeckt und neue geschmiedet? Machte sie uns nicht mehr Mut als wir ihr?

Klar war: Das Leben hatte sie – gerade auch in der letzten Zeitspanne – ordentlich durcheinander gewirbelt: Auf- und Umbrüche, Wohnungswechsel, Neubeheimatung; Leben in neuen Konstellationen. Sicher: Es gab manche Turbulenzen im Miteinander; manches Auf und Ab; aber auch viel gute Kontinuität: Die regelmäßigen Telefonate aus Paris und Florida – und all das, was auch Verwundetes verbindet.

Ich dreh' mich um dich. Ich sorge für dich. Ich bring dich durch die Nacht. Ich tue, was ich kann – doch komm ich auch nicht immer so los von mir wie ich möchte. Und du kommst ja auch an meine Grenzen. Da fehlt Zeit zum Leben und Leben lassen. Und da wachsen Fragen aus der Nacht:

War es gut so? War es genug so?

War es – wovon? – zu viel oder – wovon? – zu wenig?

Und als Mutter dann starb – da wären Sie alle so gerne bei ihr gewesen: Ich bring dich durch die Nacht.

Im Strudel der Ereignisse taucht auch immer wieder diese Frage an die Oberfläche: Und Gott – wo ist er gewesen? Und ganz direkt: Wo warst du, Gott?

Alle Fragen sind erlaubt. Alle Tore geöffnet. Herzen dürfen klopfen, Münder schreien; du darfst im Trüben fischen und Tränen dürfen tropfen.

Und mitten darin möchte ich Sie an zwei Bilder erinnern. Eines haben Sie selbst immer und immer wieder erinnert, das tauchte auf aus dem Tränenmeer: Wie angefüllt die guten und gelungenen, die schönen und intensiven Zeiten waren mit Dankbarkeit. Dass einer den Anderen hatte, dass keiner vor sich hin trottete und ins Leben stolperte. Dass sie sich einander glückten und dass das Leben in so vielen Bereichen glückte. Dass Glück wurde und Himmel tanzte zwischen ihnen als Familie. Wie mutig sie aufgestellt wurden durch den Mut der Mutter; wie sie sich ihnen zumuten konnte und genau wusste, dass sie sich zum Ende hin auch in ihre Hände zurücklegen durfte.

Ein zweites Bild füge ich hinzu:

Wie wäre es mit der überraschenden Möglichkeit, im „Ich" des Songs von Herbert Grönemeyer nicht nur sich selbst, sondern auch einen starken und mutigen Gott sprechen zu hören? Was wäre, wenn ER, Gott, dies singen würde – dir, Ihnen zu:

„Ich dreh' mich um dich; ich übernehm deine Tränen, ich gehe neben dir; ich bring dich durch die Nacht!"

Ihre Mutter war doch – so haben sie es mir anvertraut – eine im tiefen Glauben verwurzelte Frau, die sich in besonderer Weise auch Maria verbunden fühlte. Und mit ihr glaube ich diesem Gott eine Kraft, die ich mir selbst nicht verschaffen kann; mit ihr glaube ich diesem Gott eine unfassbare Liebe, die mich durch das Leben, durch die Nacht und durch den Tod bringt.

Ich glaube diesem Gott seine Fragen an uns und unsere an ihn, ich weiß, dass er sie aushält und sie auf seine ganz eigene Weise und zu seiner Zeit beantworten wird. Ich glaube diesem Gott seine zugesagte Vergebung, die dich erreicht, bevor du dich aufmachen konntest.

Ich glaube, dass Hedwig B. nie allein war – im Leben nicht und auch nicht im Sterben. Auch wenn du haderst, dich kasteist, du dich zerreißt und alles verdunkelt:

ER bringt uns durch die Nacht.

GOTTESKIND

ZUM TOD EINER KINDERKRANKENSCHWESTER

Lesung Mk 9,33–37 *oder* Mk 5,21–24.35–43 *oder* Lk 18,15–17

Ein reicher Mann, dessen ganzes Leben und Streben sich um das liebe Geld gedreht hatte, wies seine Söhne an, ihm einen Beutel Geldstücke mit in den Sarg zu legen. Ganz ohne Geld wollte er auch in der anderen Welt nicht sein.

Und richtig – drüben angekommen, erblickte er Läden, in denen es allerhand zu kaufen gab. Und da er Hunger und Durst verspürte, zückte er seinen Geldbeutel und legte ein Geldstück auf den Tisch. Doch der Engel schüttelt traurig seinen Kopf: „ Wie ich sehe, haben sie auf der Erde dort unten wenig gelernt. Wir nehmen hier im Himmel nur das, was einer verschenkt hat – nicht das was einer besitzt! Haben Sie denn niemals etwas verschenkt?"

Da dachte der reiche Mann nach, doch es fiel ihm nichts ein. Er hatte niemals etwas verschenkt. Und als er den Kopf schüttelte, kamen die beiden Diener und führten ihn hinaus. *Leo Tolstoi*

Haben oder sein

Ängstlich etwas für sich festhalten – oder: In Freiheit etwas verschenken. Frau N. N. hatte da etwas ganz Besonderes: Eine besondere Gabe, ein Geschenk Gottes: ihr Lächeln, ihre innere Heiterkeit und Fröhlichkeit. Mit Leidenschaft arbeitete sie ungezählte Jahresringe als Kinderkrankenschwester mit und für die kleinen Patienten auf ihrer Station. Vielleicht hat sich das Lächeln der Kinder einfach in ihrem Gesicht gespiegelt.

Dabei hat sie sicherlich auch Schwieriges, manches Elend und Leid erlebt, das kranke Kinder in ihrem noch so kurzen Menschenleben ertragen und erdulden mussten.

Ich erinnere an die lange Zeit ihres Wirkens: Kinder und immer wieder Kinder. Hegen und pflegen, sorgen und singen; halten und heilen, trösten und tragen. Taufen oder auch vorbereiten auf die Erste heilige Kommunion.

Erfahrungen sammeln – und das heißt bei Kindern vor allem: gut hinsehen lernen. Gut hinhören lernen. Dem Herzen, der Erfahrung und der eigenen Intuition vertrauen.

„Ach, die jungen Ärzte“, hat sie einmal so oder ähnlich gesagt: „Die haben ihr Wissen erst einmal aus Büchern. Aber als Kinderkrankenschwester weiß man oft aus Erfahrung, was los ist.“ Was sie gegeben hat, ihre Fröhlichkeit, ihr Lächeln – das ist ihr sicherlich tausendfach zurückgeschenkt worden. Sie liebte die Kinder – und die Kinder liebten sie.

Viele Kontakte blieben – selbst bis in's hohe Alter hinein. Die ehemals kleinen Patienten und auch viele Eltern knüpften ein freundliches unvergessenes Band.

Ab 1988 wohnte sie hier, zog sie sich zurück von ihrem Tagewerk; aber nicht mit ihren Erfahrungen: Immer wieder traf man sie freundlich, und immer dieses Lächeln in ihren Augen, in ihrem Gesicht und in ihrer ganzen Lebenshaltung.

Das Licht des äußeren Auges verdunkelte sich Jahr um Jahr.

Doch ihr inneres Licht schien mir mehr und mehr zu leuchten.

Eine tiefe innere Frömmigkeit, ein tiefer Gottesglaube; ein tiefes Vertrauen, als Gottes geliebtes Kind auf dieser Erde fröhlich und frei zu leben – das sind ihre Reichtümer: Und die hat sie nicht für sich behalten, sondern sie hat sie verschenkt.

Reich und reichlich hat sie sie verschenkt. Und die Kinder, ihre Familie, und wir alle haben von ihr empfangen. Ich denke, viele die – wie ich auch – Frau N. N. kennen lernen durften und sich freundlich an diese lächelnde Krankenschwester erinnern, werden traurig sein, wenn sie von ihrem Tod hören.

Aber sicherlich ebenso viele werden, wie auch ich, fest glauben, dass ihr Tor und Tür zum Himmel offen stehen.

Mit dem Maß, mit dem sie gemessen und zugeteilt hat, wird Gott auch jetzt Frau N. N. messen und zuteilen: Gottes Güte und Gnade, Gottes Lächeln und Liebe wird sie empfangen.

Was sie verschenkt hat, wird ihr ganzer Reichtum sein.

Und Gottes Kinder werden sie mit einem Kuss begrüßen.

WAS IST DAS: LEBEN?

ZUM TOD EINER ÄLTEREN GESCHÄFTSFRAU

Lesung Joh 10,1–4.7–10

Was ist das Leben? Was ist das: leben?
An einem schönen Sommertag war um die Mittagszeit eine Stille im Wald eingetreten. Die Vögel steckten ihre Köpfe unter die Flügel. Alles ruhte. Da steckte der Buchfink sein Köpfchen hervor und fragte: „Was ist das Leben?" Alle waren betroffen über diese schwere Frage. Eine Rose entfaltete gerade ihre Knospe und schob behutsam ein Blatt ums andere heraus. Sie sprach: „Das Leben ist eine Entwicklung."

Weniger tief veranlagt war der Schmetterling. Lustig flog er von einer Blume auf die andere, naschte da und dort und sagte: „Das Leben ist lauter Freude und Sonnenschein." Drunten am Boden schleppte sich eine Ameise mit einem Strohhalm ab, der zehnmal länger als sie selbst war, und sagte: „Das Leben ist nichts als Mühe und Arbeit." Geschäftig kam eine Biene von einer honighaltigen Blume zurück und meinte dazu: „Das Leben ist ein Wechsel von Arbeit und Vergnügen." Wo so weise Reden geführt wurden, steckte der Maulwurf seinen Kopf aus der Erde und sagte: „Das Leben ist ein Kampf im Dunkel."

Es hätte nun beinahe einen großen Streit gegeben, wenn nicht ein feiner Regen eingesetzt hätte, der sagte: „Das Leben besteht aus Tränen, nichts als Tränen." Hoch über allen zog majestätisch ein Adler seine Kreise, der frohlockte: „Das Leben ist ein Streben nach oben." Nicht weit davon stand eine Weide, die hatte der Sturm schon zur Seite geneigt. Sie sprach: „Das Leben ist ein Sich-Neigen unter eine höhere Macht." Dann kam die Nacht. Und dann flammte endlich die Morgenröte in ihrer voller Pracht auf und sprach: „Wie ich, die Morgenröte, der Beginn des kommenden Tages bin, so ist das Leben der Anbruch der Ewigkeit." *Schwedisches Waldmärchen*

Was ist das Leben?
Tatsächlich – eine ungewohnte, aber nicht ungewöhnliche Frage.

Und ich möchte sie gerade an diesem Ort und zu dieser Stunde aufgreifen, denn die Frage, die der Tod stellt, ist die Frage nach Leben schlechthin.

Was hätte uns N. N. auf diese Frage wohl geantwortet?

Vielleicht hätte sie uns gesagt:

Wißt Ihr, das Leben ist ein großes Spiel. Du musst die Spielregeln gut kennen und einhalten, wenn du weiterkommen willst.

Die Regeln des Lebens lernt man meistens recht früh. Auch N. N. hat das früh gelernt: im Elternhaus; in der Kinderstube: Belohnung und Strafe; Versuch und Irrtum; Liebe und Distanz. Was du brauchst, was du bekommst, was dir entzogen wird, was dir versagt bleibt, was du zu tun und zu lassen hast ...

Disziplin und Klarheit, Kundenkontakt und Mitdenken sind im Familienbetrieb gefragt. Alles muss Hand in Hand gehen.

Und mittendrin – eine Frau, die weiß, was sie will und, wo es lang geht und die die Zügel in der Hand hält – N. N. war wohl auch aus diesem Holz geschnitzt. Löwin – vom Sternzeichen her; Geschäftsfrau, Hausfrau, Ehefrau, Mutter.

Aber da ist ja auch die Tante. Und als die Kinder eins um's andere so kommen – da ist auch die Tante da, und hilft und kocht und tröstet und glättet manche Falte. Und das ist unendlich gut, so jemanden zu haben im großen Spiel des Lebens. Ein Joker, vielleicht; oder eine Dame, die sticht, wenn Herz Trumpf ist.

Was ist das Leben?
Vielleicht hätte N. N. uns auch gesagt: Das Leben ist manchmal ein Kampf, ein tägliches Ringen mit sich selbst, den Aufgaben und dem Himmel.

Nach dem Tod ihres Mannes vor gut 12 Jahren ändert sich manches im Leben von N. N. und ihrer Familie: Die Verantwortung steigt, der Druck wird groß – wie geht's weiter mit dem Geschäft? Über die Jahre will auch der Körper nicht mehr so mitmachen. Die Dialyse zwingt zu geduldigen Stunden der Blutwäsche. Ausgeliefert sein, warten, liegen, nichts tun können, angewiesen sein auf andere, Pflege, gehoben, getragen, gebettet, von fremden Händen angefasst werden – das ist nicht ihre Welt. Das ist schwer – für sie und andere. Und zu alledem: kaum noch oder fast nichts mehr sehen können; die Welt nicht mehr im Detail, nur noch im groben Schema erfahren;

vertrauen müssen auf bekannte Stimmen; skeptisch sein bei allem Fremden. Da kommt man schnell an die eigene Grenze – und die der Anderen. Und an die Frage: Wie weit kann ich gehen? Wie weit ertrage ich das? Und – wieweit tragen und ertragen mich die Anderen?

Doch alle sind da und helfen; jeder der Kinder, so gut er kann. Die Familie hält zusammen.

Was ist das Leben?
Und vielleicht hätte N. N. uns auf die Frage gesagt: Zu wissen, wann du (am Ziel) angekommen bist.

Krankenhaus, Dialyse – die Stationen lassen sich irgendwann einmal nicht mehr beliebig oft wiederholen. Der letzte Transport vom Krankenhaus geht ins Hospiz. Mutter, Schwiegermutter und Oma N. N. strahlt und lächelt und ist bester Dinge – wie lange nicht mehr. Die Kinder: Alle sind da. Hier wird sie bleiben. Hier wird sie sterben. Schneller als für alle erwartet.

Ihr Lächeln war schon eine Vorahnung dessen, was dann geschehen sollte: kein Kampf, kein Ringen mehr, sondern ein sich Einfinden bei Freunden; ein Ankommen zuhause.

Ein Friede breitet sich aus, der lange ersehnt war.

Eine Versöhnung, die alte Narben heilt.

Keine Rechnung mehr offen.

Ein Lächeln auf ihrem Gesicht – „Es geht ihr gut“, sagen die Kinder.

„Es ist gut“, sagt Gott, „es soll dir gut gehen bei mir. Dein Ringen und Kämpfen, dein Sorgen und Mühen ist im Tod bei mir angekommen und angenommen.“

Das Spiel ist aus. Der Tod ist tot. Das Leben ist gewonnen. – Aber gesiegt hat: die Liebe.

ANHANG

AUS DER TIEFE

2. Aus der Tiefe rufe ich zu dir:
Herr, öffne deine Ohren,
aus der Tiefe rufe ich zu dir:
Ich bin hier ganz verloren.

3. Aus der Tiefe rufe ich zu dir:
Herr, achte auf mein Flehen,
aus der Tiefe rufe ich zu dir:
Ich will nicht untergehen.

4. Aus der Tiefe rufe ich zu dir:
Nur dir will ich vertrauen.
Aus der Tiefe rufe ich zu dir:
Auf dein Wort will ich bauen.

T: Uwe Seidel M: Oskar Gottlieb Blarr
aus: Wenn der Stacheldraht blüht, 1981

SCHLAFT, IHR KINDER DIESER ERDE

2. Morgen soll es Frieden geben.
Morgen soll kein Krieg mehr sein.
Morgen soll das neue Leben
wärmen wie der Sonnenschein.

3. Schlaft, ihr Kinder dieser Erde,
Mondlicht streichelt euer Haar.
Träumt, dass alles besser werde,
manchmal werden Träume wahr!

4. Schlaft, ihr Kinder dieser Erde,
jedem eine gute Nacht.
Träumt, dass alles besser werde,
besser über Nacht.

T: James Krüss M: Alexander Bayer

QUELLENVERZEICHNIS

S. 20 – Bild: © Thomas Schulz, Tränen. Aus der Reihe „Dein Antlitz will ich suchen“, Acryl, Erde, Asche und Stacheldraht auf Leinwand, Kamp-Lintfort 2004.

S. 22 – Bild: © Thomas Schulz, Untergang oder Ruhe nach dem Sturm?, Acryl und Asche auf Leinwand, Kamp-Lintfort 2009.

S. 49/69 – Gedicht: © Anne Steinwart, Vielleicht ist es kein Weggehen, aus: dies., Das Sterben, in: Wohin denn sollten wir gehen (Hrsg. C. Peters), Verlag am Eschbach 2012.

S. 54 – Text: Nicht das ist ja das Ziel, dass die Toten zurückkommen, aus: Jörg Zink, Trauer hat heilende Kraft, © Kreuz Verlag in der Verlag Herder GmbH, Freiburg i. Br. [10]2013.

S. 66 – Gedicht: Hilde Domin, Die schwersten Wege , aus: dies., Gesammelte Gedichte, © S. Fischer Verlag GmbH, Frankfurt am Main 1987.

S. 70 – Text: L. Walters, Ich bin von der Erde, aus: Rudolf Kaiser, Indianischer Sonnengesang. Die Weisheit der Erde in der Spiritualität nordamerikanischer Indianer, © Verlag Herder GmbH, Freiburg i. Br. 1997.

BEZUGSHINWEISE

S. 20/22 – Bezugshinweis: Die Bilder „Tränen“ und „Untergang oder Ruhe nach dem Sturm?“ sind als Kunstpostkarten direkt über den Künstler erhältlich:
Thomas Schulz
Geistliches und Kulturelles Zentrum Kloster Kamp
Abteiplatz 13 | 47475 Kamp-Lintford
Tel: 02842-927540 | Fax: 02842-927541
www.kloster-kamp.eu | zentrum-kloster-kamp@t-online.de,

S. 24 – Das Bild „Labyrinth und Rose“ von Sieger Köder ist in verschiedenen Ausführungen (Poster, Postkarte, Andachtsbildchen u.a.) erhältlich über den
Verlag Ver Sacrum, c/o Verlag am Eschbach
Im Alten Rathaus, Hauptstr. 37, 79427 Eschbach
Telefon: (0 76 34) 505 45-0 | Fax: (0 76 34) 505 45-29
www.versacrum.de

S. 26 – Ein Bild der Installation „Zeige deine Wunde“ von Joseph Beuys ist als Kunstpostkarte (Bestellnummer VD 5865) erhältlich beim
Kunstverlag Reisser
Braunschweiggasse 12 | A-1130 Wien
Tel: 0049-(0)1 877 54 87
www.reisser-kunstpostkarten.de

S. 83 – Text: Herbert Grönemeyer, Der Weg, aus dem Album „Mensch“ (2002) – http://www.groenemeyer.de/musik/mensch

S. 95 – Text: Herbert Grönemeyer, Ich dreh mich um dich, aus dem Album „Bleibt alles anders“ (1998) – http://www.groenemeyer.de/musik/bleibt-alles-anders